抢滩信创蓝海

粤港澳大湾区数控的应用发展现状及对策研究

单纯　丁绒　编著

电子工业出版社
Publishing House of Electronics Industry
北京·BEIJING

内容简介

本书第 1 章介绍粤港澳大湾区面临新一轮科技革命和产业变革加速的新问题新思路，旨在突出研究的必要性和意义，并进行实证。第 2 章依据粤港澳大湾区数控产业的发展现状，从宏观战略层面梳理出粤港澳大湾区核心问题和典型城市的发展现状。第 3 章基于粤港澳大湾区数控产业集群进行剖析，介绍粤港澳大湾区整体发展、产业政策、经济环境等，运用 SWOT、PEST 分析法从优势、劣势、机会、威胁四方面进行分析。第 4 章主要介绍粤港澳大湾区数控领域数字化转型的成功案例，并进行具体剖析。第 5 章针对粤港澳大湾区数控产业集群的发展现状和概况提出发展对策。

未经许可，不得以任何方式复制或抄袭本书之部分或全部内容。
版权所有，侵权必究。

图书在版编目（CIP）数据

抢滩信创蓝海：粤港澳大湾区数控的应用发展现状及对策研究 / 单纯，丁绒编著. —北京：电子工业出版社，2023.9
ISBN 978-7-121-46439-3

Ⅰ. ①抢… Ⅱ. ①单… ②丁… Ⅲ. ①数控机床—产业发展—研究—广东、香港、澳门 Ⅳ. ①F426.4

中国国家版本馆 CIP 数据核字（2023）第 183453 号

责任编辑：章海涛
印　　刷：北京捷迅佳彩印刷有限公司
装　　订：北京捷迅佳彩印刷有限公司
出版发行：电子工业出版社
　　　　　北京市海淀区万寿路 173 信箱　　邮编　100036
开　　本：787×1 092　1/16　印张：12.75　字数：202 千字
版　　次：2023 年 9 月第 1 版
印　　次：2023 年 9 月第 1 次印刷
定　　价：88.00 元

凡所购买电子工业出版社图书有缺损问题，请向购买书店调换。若书店售缺，请与本社发行部联系，联系及邮购电话：(010) 88254888，88258888。
质量投诉请发邮件至 zlts@phei.com.cn，盗版侵权举报请发邮件至 dbqq@phei.com.cn。
本书咨询联系方式：unicode@phei.com.cn。

前言
PREFACE

随着逆全球化浪潮不断兴起，诸多国家将整体重心放在加速推进数字经济的发展上，我国也不例外。近年来，核心技术领域被"卡脖子"的事件频发，这些现象让我们不断意识到，只有掌握核心技术才能不受制于人。实质上，自2006年以来，我国便开始逐步颁布多项用于支持国产自主创新研发核心技术的政策，由于国内工业基础相对于欧美国家而言仍处在较低水平，各行各业均存在不少劣势，因此国产自主创新在过去难以实现。

为在核心技术领域内继续追逐欧美等工业强国，以实现核心技术自主化、核心技术国产化替代，我国于2019年正式提出"信息技术应用创新"（简称"信创"）产业，主要覆盖四大领域，即信息技术基础设施、基础软件、应用软件和信息安全。为此，基于以上现状，我们决定根据几十年来总结的工作经验，结合近几年新颁布的国家政策、市场风向、国际情形等方面，编写一本符合国情、贴合当代技术发展又极具操作性的著作，为粤港澳大湾区数控产业集群的发展提供观点和参考，希望广大读者朋友能够从中得到一些启发，并且有益于整个数控机床领域"信创"产业的发展。

本书的主要特色可概括如下：

（1）读者定位精准

现在市面上大多书籍"随波逐流"，为热点而热点，从而导致读者定位混淆不清。本书主要面向相关数控部门的行为选择和其发展规划具体目标的制定而编写，为信创环境下的数控产业寻找一个突破口，旨在从实务层面使读者从各种维度去了解我们要实现核心技术突破、核心技术国产化替代的可行性，从中也能获得一些行业发展的灵感。

（2）选题立意新颖

根据对市面书籍的调研可知，国内结合"信创"元素的数控专业图书并不多见。本书以"信创"蓝海为背景，并立足于我国电子信息领域在粤港澳大湾区内数控应用发展现状，分析粤港澳大湾区在数控机床领域涉及的"信创"产业的产品应用的发展现状，对粤港澳大湾区的"信创"发展进行一系列的分析，结合当前全球发展趋势、国家重大需求和广东省工业基础较好等实际情况，取长补短，总结出一些对策建议。

（3）较强的针对性与实操性

本书将理论与实践结合，避免重理论轻实操或重实操轻理论的现象。本书整理出先前的研究人员对产业集群的形成条件、产业集群的竞争优势等方面的一般认识，融合个人见解作为研究的理论基础，也提供粤港澳大湾区数控企业数字化转型的实际丰富案例，对粤港澳大湾区内的数控龙头企业的成功案例进行分析，揭示其成功之路。

（4）SWOT 和 PEST 分析法

本书利用 SWOT 和 PEST 这两种企业战略分析方法，围绕以下几方面进行分析，即：粤港澳大湾区数控产业集群实施现状及其专业镇、产业园区，信创产业和成功企业案例；充分结合两种战略分析方法各自优势，将内部环境与外部环境相结合，进行完整性分析，进而对本书第 5 章采取的发展对策有一定的重要借鉴意义。同时，本书可以为这个行业的"小白"或对这个行业现状有着疑惑的人员指引方向。

本书对粤港澳大湾区数控的应用发展现状进行了系统研究，提出了一些抢滩"信创"蓝海的对策建议。随着粤港澳大湾区的发展和数控技术的

PREFACE
前　言

不断进步，我们期待在未来能看到数控在该地区的更广泛应用。

通过对相关资料的收集与整理，我们发现，粤港澳大湾区数控行业正处在快速发展的阶段，具有巨大的市场前景，但同时存在许多挑战和不足，如人才短缺、技术落后、标准不统一等。因此，我们提出了一些对策建议，如加强人才培养、提升技术水平、统一标准等，希望能为粤港澳大湾区数控行业的发展做出贡献。总体来说，我们希望通过本书为读者提供有价值的信息，并帮助他们更好地了解粤港澳大湾区数控应用发展现状及对策，帮助企业更好地了解数控行业的发展趋势，并提供一些实用的建议，以便企业能够在竞争激烈的市场中取得成功。

随着经济的发展和技术的进步，我们相信粤港澳大湾区数控行业的发展前景将会更加广阔。未来，我们期望能够为地区的工业发展做出更大的贡献，也希望能够通过不断的研究和改进，为数控技术在粤港澳大湾区的发展提供更多的支持。我们期待粤港澳大湾区数控行业能够通过不断创新和发展，在信创蓝海中抢滩一席之地。

本书受到国家自然科学基金面上项目《基于迁移分割多模型决策的海洋水声信号识别及预测研究》（62273108）、科技部国家重点研发工业互联网应用示范子课题《智能网络运营与安全防护》（2018YFB1802400）、广州琶洲实验室《基于光拟态计算芯片的人工智能算法系统》（PZL2022KF0006）、南方海洋科学与工程广东省实验室（珠海）创新团队《海洋信息感知与融合》（311021011）的资助。

广东技术师范大学的同事与学生，人工智能与数字经济广东省实验室（广州）的同仁，以及广州数控设备有限公司的宋师，对本书的写作给予了大力支持。硕士研究生余渝、曾健、李成斌参与了本书的校对工作，并提出了很好的修改意见，其中第1章、第5章的5.4、5.5节由曾健校对，第2章、第4章由李成斌校对，第3章、第5章的5.1、5.2、5.3节由余渝校对，在此表示衷心感谢。最后，特别感谢电子工业出版社的编辑为保证本书的高质量出版付出的辛勤劳动。

当然，由于作者学识有限，本书难免存在不足之处，恳请读者及时指出，以便我们在未来的版本中更正，联系邮箱为 shanchun@gpnu.edu.cn。

作 者

2023 年 5 月

/目录/
CONTENTS

第1章 绪论 ·· 1
  1.1 研究背景 ·· 1
  1.2 国内外研究现状 ·· 4
    1.2.1 信创产业的历史演进 ·· 4
    1.2.2 国内外高端数控机床领域发展的相关研究 ················ 10
    1.2.3 信创赋能高端数控机床领域发展的研究进展 ············ 15
    1.2.4 相关研究评述 ·· 22
  1.3 研究内容及框架 ·· 24
  1.4 研究方法及技术路径 ·· 26

第2章 信创赋能产业变革——粤港澳大湾区数控机床领域概况 ··········· 27
  2.1 粤港澳大湾区信创产业概况 ·· 27
    2.1.1 基本概况 ·· 27
    2.1.2 创新定位 ·· 29
    2.1.3 信创产业发展情况 ·· 32
  2.2 粤港澳大湾区数控产业集群总体发展状况 ························· 34

　　　　2.2.1　基本概况 …………………………………………… 34
　　　　2.2.2　特征结构 …………………………………………… 37
　　　　2.2.3　发展模式 …………………………………………… 39
　　　　2.2.4　发展趋势 …………………………………………… 41
　　2.3　信创赋能粤港澳大湾区数控产业集群的城市发展现状 ……… 42
　　　　2.3.1　基本概况 …………………………………………… 42
　　　　2.3.2　典型城市发展现状 ………………………………… 45

第 3 章　信创赋能产业重塑
粤港澳大湾区数控产业集群分析 …………………………………… 65

　　3.1　SWOT 和 PEST 分析法 ……………………………………… 65
　　　　3.1.1　基本概念 …………………………………………… 65
　　　　3.1.2　特点 ………………………………………………… 67
　　　　3.1.3　分析模型 …………………………………………… 68
　　3.2　信创赋能粤港澳大湾区数控产业集群实施现状 SWOT 剖析 … 71
　　　　3.2.1　粤港澳大湾区数控产业集群战略剖析 …………… 71
　　　　3.2.2　粤港澳大湾区数控产业集群战略分产业园区和专业镇剖析 … 91
　　3.3　粤港澳大湾区信创产业宏观 PEST 剖析 …………………… 106
　　　　3.3.1　粤港澳大湾区信创产业政策环境剖析 …………… 106
　　　　3.3.2　粤港澳大湾区信创产业经济环境剖析 …………… 112
　　　　3.3.3　粤港澳大湾区信创产业社会环境剖析 …………… 113
　　　　3.3.4　粤港澳大湾区信创产业技术环境剖析 …………… 116

第 4 章　信创赋能企业数字化转型
粤港澳大湾区数控领域的成功案例 ………………………………… 121

　　4.1　数字化转型 …………………………………………………… 121
　　　　4.1.1　基本概念 …………………………………………… 121
　　　　4.1.2　数字化转型的目的 ………………………………… 123

CONTENTS
/ 目 录 /

  4.1.3 数字化转型方向 …………………………………… 124
  4.1.4 数字化转型实现 …………………………………… 125
  4.1.5 信创如何赋能数控企业数字化转型 ……………… 127
 4.2 粤港澳大湾区数控领域成功案例 ……………………… 143
  4.2.1 广州数控企业案例 ………………………………… 143
  4.2.2 凯特精机企业案例 ………………………………… 147
  4.2.3 昊志机电企业案例 ………………………………… 148
  4.2.4 成功企业案例PEST分析 …………………………… 150

第5章 信创缔造产业蓝海
粤港澳大湾区数控产业集群发展对策 ……………… 153

 5.1 战略整体思考 …………………………………………… 154
  5.1.1 锻长板战略：抓住机会发挥优势 ………………… 154
  5.1.2 扭转型战略：凭借机会扭转劣势 ………………… 155
  5.1.3 多元型战略：结合优势占领市场 ………………… 156
  5.1.4 防御型战略：面对劣势防御威胁 ………………… 156
 5.2 粤港澳大湾区数控产业集群的增长型战略 …………… 157
  5.2.1 科技支撑计划 ……………………………………… 157
  5.2.2 国家重大科技专项 ………………………………… 162
  5.2.3 机床工具行业"十四五"发展 …………………… 165
 5.3 粤港澳大湾区数控产业集群的扭转型战略 …………… 167
  5.3.1 提高创新能力实现可持续发展 …………………… 167
  5.3.2 加强基础和共性技术研究 ………………………… 170
  5.3.3 推动工程化和产业化发展 ………………………… 171
  5.3.4 强化人才培育打造人才高地 ……………………… 172
 5.4 粤港澳大湾区数控产业集群的多元化型战略 ………… 174
  5.4.1 培育"龙头"核心技术扩大市场占有率 ………… 174
  5.4.2 整合产业资源形成集聚效应 ……………………… 176

5.4.3　提升绿色制造水平实现可持续发展……………………177
5.5　粤港澳大湾区数控产业集群的防御型战略…………178
　　5.5.1　创新发展实现跨越发展目标………………………178
　　5.5.2　行业发展值得注意的若干倾向性问题……………180
　　5.5.3　畅通供应链循环……………………………………184

参考文献……………………………………………………………191

Chapter 1

第 1 章
绪 论

1.1 研究背景

近年来,全球数字经济社会加速演进,为避免核心技术"卡脖子"风险,自主可控、国产化替代、国家创新体系建设等成为关键词,我国高度重视信息技术应用创新产业(简称"信创产业")的发展。2021年3月,《"十四五"规划和2035远景目标纲要》提出,要把科技自立自强作为国家发展的战略支撑,在事关国家安全和发展全局的基础核心领域(人工智能、量子信息、集成电路等),加快制定战略科学计划和科学工程。为深化"十四五"规划对信创产业的支持,2021年11月30日,工业和信息化部连续发布《"十四五"信息化和工业化深度融合发展规划》和《"十四五"软件和信息技术服务业发展规划》,提出我国需加快补齐关键技术短板,重点强化

抢滩信创蓝海
粤港澳大湾区数控的应用发展现状及对策研究

自主基础软/硬件的底层支撑能力，实现突破核心电子元器件、基础软件等核心技术瓶颈，加速推进数字产业化进程，为我国的信创产业发展做好顶层设计。同时，在"要加大对战略性新兴产业的投入，加快自主创新产业等新型基础设施建设"的 2035 年远景目标战略思想指引下，加快推进信息技术创新产业发展速度，加快信息技术创新产业建设，也是我国信息技术创新取得重大成果的基础保障。

信创产业是我国坚持走信息技术自主创新道路、夯实"新基建"安全基础和数字信息安全基础、激活双循环新发展格局下经济发展新动能优势的必然产物。中共中央、国务院于 2019 年 2 月印发的《粤港澳大湾区发展规划纲要》明确提到，"粤港澳大湾区包括香港特别行政区、澳门特别行政区和广东省广州市、深圳市、珠海市、佛山市、惠州市、东莞市、中山市、江门市、肇庆市（珠三角九市），是我国开放程度最高、经济活力最强的区域之一，在国家发展大局中具有着重要战略地位。"此外，各地信创产业政策纷纷出台，其中主要以长三角、珠三角、环渤海经济圈为最。广州市黄埔区发布了全国首个区县级信创产业政策——"信创十条"，旨在推动信创全产业链条要素整合优化、重构产业生态体系、创建国家级信创产业基地。因此，本书针对粤港澳大湾区信息技术创新产业中数控机床的应用发展实际情况，将广州、深圳和珠海及香港等地区列为重点对象，予以分析。

粤港澳大湾区虽然是我国最开放和最有经济活力的区域之一，但是在粤港澳大湾区的数控机床产业集群发展过程中，诸如关键领域"卡脖子"、核心技术攻关持续性投入不足、部分领域处于产品价值链中低端、产业链协同联动发展不足等问题仍然在很大程度上存在。这些问题限制着数控机床产业集群的发展。2021 年，粤港澳大湾区实际 GDP（国内生产总值）相比 2019 年的年平均增速为 3.7%，相比 2019 年前的实际增速水平（约 4.4%）有差距，国内能源及大宗商品涨价抬升了下游制造业企业成本，限制了其

第1章
绪 论

产能扩张。珠三角制造业行业结构以电子通信、电气机械、金属和非金属制品等为主，截至2021年前三季度，电气机械产业成本率和利润率分别为82.4%和6.5%，汽车制造业产业成本率和利润率分别为86.1%和5.9%，相比于2020年，电气机械产业成本率上升1.4%、利润率下降1%，汽车制造业成本率上升0.7%、利润率下降0.6%。除了电子通信，其他行业在2021年前三季度的利润率均受到侵蚀。

可以看出，计算机、通信设备、汽车制造等珠三角的核心产业增加值、利润增长均不同程度受到抑制。例如，比亚迪2021年第三季度财报显示，新能源汽车销量一路增长，净利润却同比下滑27.5%。2022年8月3日，财富中文网发布2022年《财富》世界500强榜单，粤港澳大湾区仅有24家企业进入榜单，在数量上少于纽约湾区和旧金山湾区，更是远远少于拥有40家世界500强企业的东京湾区。除了粤港澳大湾区内高端龙头企业存在的问题，粤港澳大湾区内部创新经济发展极不平衡的问题亦不容忽视。从粤港澳大湾区各城市R&D（Research and Development）投入和产出数据来看，深圳、广州已可与发达国家水平比肩，远远领先于大湾区内的其他城市。

针对上述提及的不足，本书运用相关事件研究和系统分析法，拟探讨粤港澳大湾区信息技术创新产业中数控机床应用发展的现状及对策，这具有重要的理论价值和现实意义。一方面，丰富产业集群理论，为产业集群的发展提供一定引导方向；另一方面，结合粤港澳大湾区的现实情况，信息技术创新产业中数控机床应用的成熟有利于增强粤港澳大湾区经济发展韧性，让粤港澳大湾区拥有一系列"杀手锏"产品，推动粤港澳大湾区经济向更高质量发展，是一项重大的发展思路创新。

1.2 国内外研究现状

1.2.1 信创产业的历史演进

1. 欧美

20世纪80~90年代初，美国高度重视计算机与互联网技术的发展，陆续推行了"信息高速路""因特网-Ⅱ""新一代互联网"等项目，借助信息科技的变革，一跃取得了第二次世界大战后最长久的一次经济发展。在该阶段的初期，网络泡沫破裂，信息技术的浪潮已经降温，然而信息技术的革新仍然遵循着其固有法则，随后移动互联网、云计算、大数据、物联网等新一轮的信息技术变革，对美国的经济、社会结构、生产体系、组织等方面产生了深刻的影响。

美国商务部和统计委员会公布的报告指出："信息产业在整个经济产值中比重在2000年只有8.3%，是世界上比重最高的国家。1995—1999年，对美国经济实际增长做出了几乎1/3的贡献。1998年，信息产业在研究和开发方面的投资总额为448亿美元，几乎是全美公司研究开发投资的1/3。六个主要的经济研究组织研究结论是：20世纪90年代后半期，信息产业的生产和使用对美国生产率的增长的贡献达到一半或一半以上。"[1]

就信息设备产业而言，美国计算机工业的发展是当时世界上绝对领先的。其中，世界前10的计算机硬件厂商中，美国有5家、日本有3家、欧洲有2家；美国计算机硬件在世界计算机软件的销量中占60%，而美国芯片制造企业占据全球芯片市场43%的份额；美国的通信行业规模也是世界最大的，美国家庭计算机普及率已达31%，电话普及率为93%，同时拥有1500万用户的互动式计算机通信网络等设备和技术基础，未来20年将投入4000亿美元，建成全球规模最大、功能完备的信息高速公路系统；美国大部分增长将来自无线通信领域，美国无线通信市场普及率达到47%，使得

#　第 1 章
　　绪　论

用户数量每年增长 13%。在信息服务业方面，1992 年美国信息服务业市场成交额达 1220 亿美元，占全球信息服务业市场的 46%，1997 年为 2170 亿美元，占 45.6%，位居世界第一。同时，美国的软件业占国际软件市场的 75%，也处于绝对优势地位。此外，就信息技术产业而言，第二次世界大战后，世界上的重大科技发明有 60%出自美国，70%在美国最先付诸使用。可见，信息技术具有广泛的渗透性和应用性，美国在这方面的整体水平较高，已经成为美国高技术的核心[2]。

美国企业、政府、科研单位齐心协力，为世界互联网信息技术的发展提供了有力的支持。对新一次信息化变革的时代进行分类，可以从不同角度进行分析，如信息化对生产力的贡献、重大技术集群性的革新等。经济合作与发展组织（Organization for Economic Co-operation and Development, OECD）于 2012 年把《信息技术与通信产业展望》的年报改名为《互联网经济展望》，称"移动互联网、物联网、云计算、大数据等理念将会是互联网的新一轮变革的先驱"。

从技术和工业转型角度，美国的信息化发展的历程大致可以分为三个阶段。

第一阶段，萌芽期。据统计，1999—2001 年，全球互联网创业投资总额达 964 亿美元，其中 80%投资给美国，这推动了美国信息产业的发展，但"一跃而上"也导致了互联网行业的泡沫。据统计，美国有 257 个公司在 2001 年度提出了破产要求，总计 2585 亿美元；2002 年，有 119 个企业申报破产保护，总财产达到 3788 亿美元，破产清算增加 147%。

第二阶段，成长期。2002 年年底，因特网的股指从谷底回升，美国由此步入一个新时代，显著标志是在信息科技和工业方面都发生了变化。2002 年年底到 2008 年的金融风暴期间可以称为由经济危机触发的经济周期。随后，经过 2008—2013 年的短期调整，以及信息科技公司的获利方式逐渐趋

抢滩信创蓝海
粤港澳大湾区数控的应用发展现状及对策研究

于完善，因特网指数迅速成长，2014年已经达到"网络泡沫"时代的顶峰，新一波信息科技革命已经步入一个飞速发展的时代。IDC称，2014年年底，苹果iOS和谷歌的Android系统分别占据了96.3%的市场，并且在这一领域的占有率已经达到了近乎独霸一方的程度。从技术角度看，当时的互联网连接功能已完全延伸至Web 2.0，正在逐步向Web 3.0迈进，并将完全步入移动通信互联的年代。可见，其间无论是在技术开发、商业创新还是在利润比例方面，毫无疑问，美国都是世界上的网络经济领导者。

第三阶段，成熟期。据统计，美国的数码产业在2016年增长了6.8%，达到11万亿美元，大大高于中国（3.8万亿美元）、日本（2.3万亿美元）、英国（1.43万亿美元）。美国PayPal在2016年拥有1.97亿的全球活跃客户和345亿美元的年度付款。至今，美国的信息技术人才一直在迅速增加，业务分享和本地交流、协作变得越来越频繁，创新环境得到进一步优化。

2．日本

日本的信息化发展历程同样可以分为三个阶段。

第一阶段，起步期。1993—1996年，信息产业年均增长率达到6.4%，大大超过同期行业的平均增长率1.68%。1996年，日本信息产业产值达1330万亿日元，占日本各产业总产出的11.4%。信息产业的增长对日本整体经济发展产生了良好的影响，使得信息产业生产额在日本整个产业中占据越来越重要的地位。信息产业投资对国民经济的贡献很大，带动了相关产业的发展。1996年，日本信息产业投资占其GDP实际增长的15.4%，占日本GDP增长的3.9个百分点中的0.6个百分点，远高于其他行业。1990—1996年，日本信息通信产业达30万亿日元，其中50.9%为信息通信产业，16.4%为波及效应。日本信息技术产业的快速发展主要得益于政府倾斜产业政策和多种经济手段的支持。

1995年2月，日本政府发布《推进高度信息通信社会的基本方针》，其

第 1 章
绪 论

中提到日本将于 1995 年成为"信息通信基建之年";1996 年,制订《21 世纪信息通信技术研发的基础规划》;1998 年 8 月,颁布《信息通信政策大纲》,其中明确指出"发展科技、重塑社会";日本五个最大的电子器件制造商 NEC、日立、东芝、富士通、三菱电气在日本的 GDP 中占据了 5% 的营收,在日本的出口量中占据了超过 1/4 的份额。日本内阁于 2000 年 7 月决定成立"IT 战略本部",旨在全面推动日本信息技术革命;2001 年 1 月,提出了"电子日本战略",目的是让日本在 5 年之内整合各国的政府与公民的资源,迅速取得突破性进展,打造全球信息技术大国。

第二阶段,发展期。从 2002 年中期开始,一直处于"平成萧条"状态的日本经济复苏现象并不明显,经济形势好转的难度继续加大。但也是在 2002 年,作为日本最大的产业,日本信息技术产业在日本不明朗的经济形势中却扮演着顶梁柱的作用,继续引领日本经济的发展。

相关数据显示,日本是仅次于美国的全球第二大信息技术产品生产国。2002 年,实现 2320 亿美元的销售额,较上年同期增加了 0.5%。在信息技术、产品开发、市场份额、计算机尖端技术等方面,均仅次于美国。数据压缩技术、视频技术、笔记本电脑显示技术也是全球遥遥领先。日本信息产业在 2004 年的实质国内生产额高达 115 万亿日元,可容纳 380 万个工作岗位,在全行业中所占比例分别为 11.8% 和 6.8%。1995—2004 年,信息产业实质国内生产额与就业量平均增长率分别为 5.5% 与 0.5%,成为 21 世纪初日本最重要的产业之一。2000 年 3 月,《东洋经济统计月报》对 1312 家制造业企业的调查显示,80.8% 的企业在信息技术方面的投入程度不同。到 2005 年为止,97.6% 的企业在进行着信息技术投资布局。另外,民营企业设备投资在信息技术投资中所占比重也逐渐增加。2004 年,日本在信息技术领域的实际投资达到 164 万亿日元。其中,私人企业设备投资额占 21.6%。2000—2004 年,私营企业设备投资占信息技术投资总额的比例由 19.0% 上升到21.6%，上升了2.6%。

第三阶段，飞跃期。日本出台了《IJanpan战略》和《2015年制造白皮书》等政府纲领性文件。根据《2015年版制造白皮书》，日本制造业在积极发挥信息技术作用方面落后于欧美国家，建议日本制造业在未来转型中利用大数据技术积极为"下一代"制造业提供基础支撑。具体地说，日本应通过大量培养制造人才，将生产转移到海外，积极利用信息技术（大数据、物联网和软件技术）发展下一代制造业，加速制造业升级换代，推动不同产业的融合，从而推动日本信息技术产业的发展。

3．中国

信创产业的发展对于我国国家经济的数字化转型和产业链的发展至关重要[3]。我国的信创产业发展大体可以概括为以下四个发展阶段：1993—2007年的预研起步阶段，2008—2016年的加速发展阶段，2017—2019年的试验实践阶段，2020年至今的应用落地阶段。

第一，预研起步阶段。1993年，浪潮研发SMP2000系列服务器；1998年，中软推出第一代基于UNIX为底层的国产Linux操作系统"COSIX 1.0"，国产操作系统横空出世；2000年，红旗Linux发布；2001年，方舟1号CPU问世；2006年，《国家中长期科学和技术发展规划（2006—2020）》将"核高基"列为16个重大科技专项之一。

第二，加速发展阶段。2008年，阿里巴巴内部信息技术升级，全面进行自主和可控研发；2010年，民用"中标Linux"和军研"银河麒麟"合并；2013年年底，中国银行保险监督管理委员会明确提出国产化安全要求；同年，浪潮天梭K1小型机系统上市，标志着我国掌握了新一代主机技术；2016年，中国电子工业标准化技术协会信息技术应用创新工作委员会（简称"信创工委"）成立；《国家信息化发展战略纲要》提出，到2025年形成安全可控的信息技术产业体系。

第 1 章
绪 论

第三，试点实践阶段。2017 年，"核高基"重大专项第二批工程启动会召开；2019 年，国产 CPU 迎来收获期，兆芯 KX6000 亮相，性能极大提升，飞腾发布新一代桌面处理器 FT-2000/4；2019 年，完成多个重点专项试点工程；2019 年，中国建设银行与中软合作开发的国产化办公自动化系统在境内外分支机构全面部署上线。

第四，应用落地阶段。2020 年，中国电信、中国移动正式制定信息技术应用创新项目的招标标准；各省份信创项目逐步启动，进行招标；2020 年 9 月，国家发展和改革委员会、科技部、工业和信息化部等联合发布《关于扩大战略性新兴产业投资 培育壮大新增长点增长极的指导意见》，要求加快关键芯片、关键软件等核心技术攻关，大力推动重点工程及项目建设，积极扩大合理有效投资；2021 年 4 月，建设银行信用卡核心系统全栈信创体系以优异成绩通过验收，性能提升超 10%。

相关数据显示，2021 年信创产业整体市场规模为 6886.3 亿元，近 5 年复合增速达到 35.7%，预计 2025 年市场规模将达到 23354.6 亿元。随着数字化转型的深入，我国服务器市场仍然有望保持健康的增长态势；2021 年，我国 x86 服务器出货量为 375.1 万台，预计 2025 年出货量达 525.2 万台。根据中国信息通信研究院发布的《数据库发展研究报告（2021 年）》，2020 年，全球数据库市场规模达 671 亿美元，仅中国数据库市场规模就达 240.9 亿美元，约占全球市场份额的 35.9%；我国数据库市场预计到 2025 年将达 688.02 亿元。我国信创产业未来将以关键领域的全面安全为主，实现软件、硬件的全部替代，并逐步实现政务云的国产化。因此，要以目前的信创产业为契机，全面实现以操作系统、芯片、数据库、应用软件等为核心的国产自主安全平台，随着云计算、大数据、人工智能、物联网等应用的深入，还需持续提升底层能力，扩大上层业务，扩大产业边界[4]。

1.2.2 国内外高端数控机床领域发展的相关研究

制造业是国家的根本，工业母机是制造业的基础，而数控机床系统（数字控制机床，Computer Numerical Control Machine Tools）是工业母机的大脑，只有强大的数控机床系统才能让工业母机行业更上一层楼。目前，国内的数控机床系统与国外的数控机床系统相比，还存在较大的差距。虽然国内已经初步形成了数控机床产业集群，但主要集中在经济型、普及型上，中档数控机床系统主要由我国和日本占据，高端数控机床系统基本由欧洲企业垄断。

1．技术水平

目前，我国数控机床（简称 CNC）产业发展的"瓶颈"是自身技术相对落后和对国外技术的高度依赖。中高档 CNC 加工设备大多处于装配和制造环节，总体上缺少关键技术，这是国内数控机床企业普遍存在的问题。据统计，CNC 系统的核心技术包括显示器、伺服电机、伺服控制器、各种开关和传感器，而 CNC 设备 90%是从国外引进的，且 70%的 CNC 技术专利仍然被海外公司垄断。我国数控机床研发投入不足、基础薄弱，导致国产数控系统性能和功能与国外差距较大。

以高端数控机床为例，国产机床在高端数控机床市场中所占的份额较低，主要原因是高速、高精度等问题未能解决。例如，国外高速机床使用的是滚珠螺杆副，快进料速度通常为 40 m/min，最大为 90 m/min，而国产数控机床的高速进刀速度通常仅为 30 m/min。尽管以华中 CNC、大连广阳、广州 CNC 等企业为代表所生产出的国产数控机床具有快速程控、多道多轴联动、多道及多路控制、高精密内插值、样条插补、空间切割、机械几何误差、温度补偿、动态误差校正、故障诊断、双轴同步等优点，但改进空间仍很大。国外高档设备的无错误操作周期是 30000 个，使用年限是 10 年，而国产设备的无错误操作周期是 10000 个，使用年限是 3 年。我国目前的

第1章
绪 论

CNC系统多用于中低档设备，工作条件苛刻，且硬件的工作周期很短。近年来，我国的电子产业发展很快，在PCB EMC设计、制造、元器件焊接、电路板的老化等方面均已接近国际先进水准。

国内数控机床的可靠性相对较低，主要原因在于其软件容错能力和智能水平不够高。在经历了数年的发展和不断完善后，国外的系统软件基本上适应了各种环境，而我国目前的系统软件更多的是面向一般的机床，在某些特定的环境中，因为市场周期比较短暂，所以在不同的领域中并没有足够的反馈迭代性。不过，在智能误差校正与智能故障检测等领域，国产设备采用先进的装备精密技术，对机床几何误差、热力误差、力误差进行全面的建模，并对多轴机床进行了智能化误差综合校正，解决了机床的误差问题，极大地延长了机床的使用寿命。与此不同，国外先进智能设备拥有大量故障知识库和智能推理功能，结合人工智能技术，能够进行现场或通过网络的远程故障检测[6]。我国的先进设备在误差补偿、故障诊断、智能化等方面都比较滞后。德国13%的机床供应给世界各地的设备供应商，彰显了其在世界范围内的领先地位。究其原因，德国的机械制造公司每年有6%的营业额来自研究和开发，从而大多数公司拥有自己的技术和制造能力，并且居全球领先地位。在德国的制造业中，数控设备的产量约占80%，占到德国制造业出口量的3/4。尽管数控设备在德国工业总产出中的比重不足1%，但它们已成为德国制造业持续发展和竞争力的重要保障。

2．发展模式

随着全球经济复苏的加强，经济活动加快，我国政府出台了一系列政策，推动制造业转型升级，迎接新的机遇与挑战。加入WTO后，我国采取了包括减少进口设备进口税、放宽进口许可、实施第一台（套）重大技术设备在内的保险赔偿制度等措施，来促进行业进出口贸易高速增长[7]。同时，我国已经从"引进来"转向"走出去"，通过积极参加"一带一路"建设、

抢滩信创蓝海
粤港澳大湾区数控的应用发展现状及对策研究

参加亚投行、签署自贸协议等举措，有力推动了外贸的快速发展。

2018年，我国经济持续稳步发展，数控设备制造业也迎来了一个新的、适度的发展循环。工业总体生产率得到很大提高，技术和产品质量都在逐步缩短与世界先进国家之间的距离，真正实现了高速、高效率的发展。

据统计，2017年，我国钢铁行业的金属加工设备消耗总量达到299.7亿美元，同比增加7.5%；金属加工机械生产总额达到245.2亿美元，同比增加5.1%。其中，加工机械的产量达到133.5万美元，同比增加3.6%；我国已完成了一项超过111.7亿美元的生产任务，同比增加7.1%。机械行业的恢复势头十分显著。2017年，全国金属加工机械产品的出口额达到31.74亿美元，较上年同期增加11.65%；出口总值达86.79亿美元，同比增加17.75%；外贸顺差55.05万美元；我国的机械工业进口和出口都有所好转。国产经济型CNC系统已能基本适应我国的需求，占据95%以上的市场份额。在高端CNC技术中，微型计算机的迅猛发展为先进的CNC技术的发展奠定了坚实的基础，从而促进了高质量、高效率的发展。同时，在一系列国家重点项目的扶持下，我国的功能性零件实现了重大的技术创新，其中一些已经拥有了自己的技术专利，包括滚珠丝杠、导轨、动力刀架等核心功能零件，其精确度和可靠性已经达到世界领先的水准。虽然国内的功能性零件生产厂家数量位居世界第一，但是在产值和产品档次上还存在着很大的距离。目前，在国家科技政策的支持下，许多数控机床企业攻克了数控机床的关键技术，取得了较好的示范应用效果。

"中国制造2025"把高端数控加工设备列为国家未来制造业发展的重要目标，我国在世界范围的地位也在逐步提升，许多国际知名的机械厂商纷纷在我国设立分支机构，这也使得企业可以借鉴全球先进技术[8]。根据目前的发展现状和问题，我国的CNC工业将向着"精度高、速度快、可靠性高、质量高"（"四高"）发展，数控设备行业正朝着智能化、网络化、复合化、

第 1 章
绪　论

绿色化发展，特别是在最近几年，国家持续加大了对环境的保护力度，数控加工行业也在进行绿色升级[9]。

我国数控机床行业经过多年低端发展，急需提升行业产品竞争力，走高端化发展道路。创新是行业发展的根本动力，要提高数控机床行业的技术水平，必须加强创新能力平台建设。例如，"高端数控机床及基础制造装备"科技重大专项，包括：行业技术与装备创新能力平台建设、复杂数控刀具创新能力平台建设、复杂数控刀具创新能力平台等课题的研究。随着 CNC 工业的发展，数控机床的技术水平得到了极大的提高，从而带动了国产数控机床、数控系统及相关功能部件的市场发展，为扩大国内数控机床市场创造了有利条件。未来，随着智能制造的发展，机床行业将面临更大的变革，如何妥善解决产品出口问题成为建设制造强国的关键所在。

3．发展环境

随着新一轮技术革命和工业转型的不断深化，世界范围内的高端数控设备结构发生了巨大的变化，德、美、日等先进国家和区域领先的企业形成了一股强大的竞争力量。美国不断加大对我国的高科技技术和产品禁运力度，迫使国产机床在材料、工艺、系统等领域实现自主可控的需求，达到了空前的程度。在关键的产业链上，高速精密轴承、高档齿轮等关键零件，包括智能芯片、光栅尺、光刻机等，以及数字协作设计、3D/4D 制造流程仿真、高精度现场测量、高性能伺服驱动等关键技术，车铣复杂数控加工中心、设计加工测量一体化制造平台等，急需加大研发投入，实现原创性突破[10]。

2022 年，我国的 CNC 工业以 31.5%的增长率位居世界第二，仅次于日本（32.1%），比德国（17.2%）高 14.3 个百分点。然而，中国的 CNC 工业整体呈现出"大而不强"的态势，特别是 CNC 关键部件的主要技术与日本、德国等生产大国相比还存在很大的差距，大部分企业仅凭"量"来赢得行

抢滩信创蓝海
粤港澳大湾区数控的应用发展现状及对策研究

业的竞争，无法在国际上占据上风。

2022年，我国的CNC进口总额为68.9亿美元，位居世界第一，出口额30.6亿美元，次于德国、日本和意大利，位居世界第四，而且出口产品的附加价值相对较少，缺乏国际竞争能力。同时，我国的高端机床产品进口量也远远超过了其生产规模，这意味着我国生产的高端机床无法适应其自身的需求，只能通过进口来解决。在出口方面，近年来，我国积极进行国际协作，对我国数控加工设备的出口起到了很好的促进作用。但是，目前国内一些企业的产能过剩问题依然严重，同时由于劳动力成本、原材料成本和货币的汇率等原因，使得数控设备的出口更加艰难。而整个工业的出口商品以低端、低价值为主，产品的结构层次偏低。因此，从当前我国数控设备制造业的发展状况来看，国内的工业发展依然任重而道远。

当然，国内的高端数控设备制造业也面临着新的发展机会[11]。

一是汽车制造、航空航天、海洋装备、电力电子、工程机械、精密制造、新能源与环境装备等领域迅速发展，高端数控机床等技术创新持续快速演进，在加工基础材料、关键零部件、工艺水平等方面迭代、试错机遇得以大幅增长。

二是国产高端CNC与国外先进水平虽然有较大的差距，但其在多轴联动控制、功能复合化、网络化、智能化、开放化等前沿技术领域已取得了较好的成果，尤其是对需求最大的中低端数控机床市场，自主生产能力具有一定的匹配度，为追赶前沿及满足国内大部分应用需求提供了很好的基础条件。近年来，在"863"项目支持下，我国高校、研究院所纷纷对CNC设备进行了远距离监控与故障检测技术的探索，通过协作，开发了一套套以互联网为基础的远程监控与故障检测平台，这为各制造厂商提供了远程维护的基础保障。

广州CNC公司开发的CNC设备网络系统能够对现场的工作状态进行

第 1 章
绪　论

实时监测和远程诊断,减少了维修费用,并为建立故障知识库和加工知识库打下了坚实的基础。随着"高端 CNC 与基础制造设备"项目的实施,各企业纷纷加大了研发力度和自主创新力度,使得我国的数控设备在产品类型、产业规模、应用领域方面取得了长足进步,产品在航空航天业、汽车工业、船舶制造业等领域得到了广泛应用。

整体上,由于缺乏核心技术、自主创新能力和国际上具有竞争力的品牌,导致了我国 CNC 与全球先进水平存在较大差距,同时我国的高端设备研发能力薄弱、产品稳定性欠佳、产品质量待改进等问题严重影响了我国的高端机床产品在国际上的声誉,使得我国的高端设备产品缺乏足够竞争优势。

1.2.3　信创赋能高端数控机床领域发展的研究进展

1. 技术水平

由于计算机技术的迅速发展,传统的制造业发生了巨大的变化,世界各国(或地区)都在大力研发先进制造技术,并建立了新型的生产模型。数字控制是当今先进制造技术中的关键,需利用微电子、计算机、信息处理、自动检测、自动控制等先进技术,具有高精度、高效率、柔性化的特点,在实现柔性自动化、集成化和智能化方面具有重要意义。随着我国数控设备不断向高精度、自动化和网络化发展,国内很多企业都在应用计算机辅助设计(CAD)、企业资源计划(ERP)和电子商业等技术。然而,目前国内使用 CNC 设备的信息化水平还很低,这主要是因为其自身的基础比较薄弱。同时,我国的 CNC 设备信息技术成熟度还不够,在国外,其成功的时间在 10000 多个小时以上,而我国自主开发的成功时长还不到国外的 50%。所以,进口数控设备在国内的市场占有率每年都在增长,而售价也在持续攀升。

抢滩信创蓝海
粤港澳大湾区数控的应用发展现状及对策研究

CNC 设备的可靠程度已成为人们普遍关心的一个重要问题。智能化技术通过对加工系统的检测、建模、特征抽取等物理量的分析，对加工系统的内外状况进行智能判断，并对其进行动态调整，以保证其在生产中的最佳运行[12]。例如，沈阳机械加工中心 AH 型钻孔机采用了德国西门子制造的简单 CNC 核心元件 PLC，而 PLC 元件维修现在是西门子公司的技术支撑。目前，国内的 CNC 设备在信息化领域的运用还远远落后于国际先进水平，未来应该向速度、精度、可靠性和智能化方向发展。同时，我国的 CNC 产业发展面临着技术水平低、企业技术基础薄弱、研发能力薄弱、对国外先进技术高度依赖等问题。为了打破先进技术壁垒，国内企业需要进行更多的研究和开发。我国的数控设备长期依靠进口技术，不但丧失了核心技术的研发，而且在售后服务上存在着一定的问题，这使得其产品永远处于落后状态，很难打入国际市场。所以，加强对"中国芯"的扶持，并尽快把我国的 CNC 加工中心建设起来，是当前的一项重大任务。

基于以上分析，对我国的 CNC 设备智能化发展有以下建议。

(1) 集成化

本机使用高性能 CPU、RISC、FPGA、EPLD、CPLD、ASIC 等特殊 IC，使整个系统的性能得到改善。采用 FPD 平面显示技术，可以有效地改善显示器的显示效果。由于其技术先进、质量轻、体积小巧、功率消耗小、易于随身携带、能达到超大型显示器的特点，已逐渐在 21 世纪占据了主导地位。利用先进的封装和互联技术，半导体和曲面装配技术有机地融合在一起。集成化可以使芯片的数量大大减少，从而降低生产费用，改进性能，减小部件的体积，提高系统的可靠性。

(2) 模块化

模块化的设计使 CNC 的集成化和标准化成为一体，根据 CNC 的不同功能要求，将 CPU、内存、位置伺服、PLC、输入、输出、通信等模块结合在一起，形成一套标准化的产品体系。

第 1 章 绪 论

（3）网络化

通过对数控系统的网络化，可以进行遥控和自动控制。机床网络实现了对机床的编程、设定、操作、运行，同时对各种机床进行实时展示。

数控机床的革新是"永恒"的主题，而信息化给数控设备的发展带来了一个全新的发展空间，尤其是数字技术的发展，使数控机床行业进入了信息时代。根据"技术至上、应用至上"的原则，国内企业对数控机床进行了创新[13]。在数控系统不断创新的基础上，随着计算机技术的发展，对机械设备和流水线的智能化也有了新的问题和思路，推动我们进行新的探索。智能机床的三大核心技术分别涉及三大基础共性问题、智能功能、数控机床与加工工艺"数字孪生"。为了应对未来的竞争，对智能机床原型系统及智能加工关键技术的研究与开发具有重要意义。智能机床的发展分为三个阶段：初级阶段的机床+数字化，中级阶段的数控机床+互联网，高级阶段的计算机、网络等。CNC 加工中越来越广泛地使用传感技术，网络技术与数控机床不断融合，智能化功能初见端倪。

2．发展模式

数控机床技术创新模式是指从创新起点、创新要素关系、创新方式选择等方面建立的集成技术创新模式。美国、德国、日本等是全球最有代表意义的区域之一[14]。CNC 设备开发时，起步于技术革新的水平存在差异，从而具有不同的技术创新模式，如表 1-1 所示。

表 1-1 技术创新模式

国家（地区）	创新模式	创新起点	创新周期	创新成功率
美国	间断型单元式激进创新	高	长	不高
德国	连续型组合式一体化创新	较高	较短	高
日本	主动型渐进式过程创新	较低	短	高

比较而言，美国拥有强大的基础科研实力，但整体技术革新表现出不平衡的特点。它的创新方式可以总结为间断的、单一型的革新化。具体来

抢滩信创蓝海
粤港澳大湾区数控的应用发展现状及对策研究

说,创新活动在时间上分布不均匀。创新的本质不仅仅是模仿或简单组合现有技术,而是创造出全新的技术,例如数控系统的研发和工艺改造。在创新过程中,企业通常从基础研发开始,然后进行产品研发,最终才进入量产阶段。特别是在市场推广过程中,企业的创造力相对较弱,这导致整个技术革新周期较长且不太连续。所以,整体上,技术革新的力量分布不均,效率低下。

德国的 CNC 工业采用的是一种持续集成的技术革新方式,最显著的特征是平衡的竞争[16],具体表现为:① 把基础开发、生产、销售摆在同等地位,通过整合、创新、整合,使企业与科研部门密切协作,既有技术的优点,又能使数控与技术有机结合;② 把现有市场与新市场进行良好衔接,通过技术创新的整合,使其能够保持可持续的发展。

日本技术革新水平较低,但技术革新的方向十分明确,具有鲜明的战略定位。工艺上的技术革新在实践中取得了较好的效果,就是重视技术引进和吸收,通过产品创新、市场创新来取得市场领先地位,以缩短技术创新的周期。日本在不断地累积和掌握技术的过程中,不断地将技术转移到自己的研究领域,使其在各方面的技术创新力量趋于平衡,并最终达到一个良好的发展状态。

从以上技术革新结果来看,日本和德国较为成熟,技术发达的德国是其成功的代表,日本是一个成功的例子;美国的发展速度很快,在基础科研方面也是数一数二的,但与日本和德国相比还有一定差距。由此我们可以得出结论:技术革新是技术进步和市场进步的动力,而对科技进步的关注是推动科技进步的根本。

美国 CNC 工业技术革新的动力机理是技术驱动型,其发展早期以军事和国家购买为主,技术进步是主因。美国作为 CNC 的诞生地,一直是世界上最先进的 CNC 研发中心,现在也在积极开展新一代计算机控制技术的研发工作。美国的技术得以发展的最主要的因素就是注重研究,而美国的研

第 1 章 绪 论

究体系是以政府为主体的,在科研方面的投资和研究能力都很高,但政府科研部门、高校与企业科研部门的关系不紧密,对基础科研工作的关注程度不够,对应用与发展的研究也不够关注。

德国 CNC 工业技术革新的原因主要有两方面:一是需求,二是技术。在发展初期,产业界还处于"观望"状态,没有积极地进行开发,后来为了迎合市场需求,出现了一些技术上的创新。20 世纪 70 年代,CNC 技术迅猛发展,德国人对于 CNC 的看法也随之改变,这体现在高校与企业的基础研究、应用研究、开发等方面的紧密联系。

日本的 CNC 工业正处于发展初期,政府的引导、激励和有效的管理是推动其发展的主要动力,同时技术推动、需求拉动以及不断的创新也是关键因素之一。日本公司在技术上的带动效应逐步加强,经历了从消极到积极、从直接到间接的转变。日本的科研体制是以民企为主体,并且是以产、官、学为一体的技术研发系统,日本的 CNC 更侧重于产品的开发与应用,但与更侧重基础研究的美国、德国等国家相比还是稍逊一筹。但近年来,日本对基础科研的投资在不断增长。

另外,我国台湾地区的 CNC 设备的技术革新方式主要是移动式和倾斜式工艺,核心特点包括:企业的技术创新不平衡,企业的创新常常以市场的方式推动企业的产品革新,从而带来区域的竞争优势;依靠革新的流程,在短期内赢得胜利;在基础研发、产品研发等方面,只是在市场与自身的长处寻求结合,难以积极地进行自主创新,并在需要时才能实现。我国台湾地区的 CNC 企业规模小,机制灵活,反应快,现在各领域的力量都在逐渐壮大,并逐渐形成一个健康的技术创新循环[17]。基于此,我国台湾地区在技术上进行倾向性革新,短短十年内就跃居全球十大数控设备之首。

我国台湾地区的 CNC 加工中心是在广泛的需求带动下进行的,它的带动效果来自市场需要和企业发展的需要,也来自日本等国对 CNC 的带动。

抢滩信创蓝海
粤港澳大湾区数控的应用发展现状及对策研究

为迎合市场的需要，CNC 企业非常注重产品的设计，然而整体的研发力量还不够强大，特别是在基础研究方面还很薄弱，主要是对产品的改进缺少创新的力量。

3．发展环境

数控机床行业技术创新的外部环境包括政府政策、市场、资金、教育等诸多因素。国内外数控设备行业发展的实践证明，企业技术革新能否成功，关键在于企业所处的外部条件。从外部环境来看，政府的决策尤为突出。日本就是一个很有代表性的国家，在发展过程中，日本的工业界颁布了三项"重整法"，把 CNC 作为优先发展的产业，并且制订了发展规划、指导报告、设立机构等多种形式，给了它们发展的有利条件。从横向来看，日本的政策具有系统性、连续性和渐进性，促使工业从技术引入发展到自主发展，从基础薄弱成长至成熟。从水平上来看，政策涵盖了引进、开发、生产、销售等方面，从而推动了整个技术创新进程的整合。

相比之下，美国更加重视市场调控，而没有太多的政府干涉。在美国的 CNC 发展中，国家主要的职能是推动其发展，但在投资、信贷、税收等方面没有对其进行任何的保护。美国的 CNC 工业在 20 世纪 80 年代的衰退让该产业一度跌入谷底。自此，美国政府一直在加强对工业的干预，不但与日本等签署了 VRA 协定，对中国的产品进行严格限制，而且制定了一些政策，推动了美国数控设备制造业的发展[18]。不过总体而言，与日本相比，美国政府在 CNC 工业上所扮演的角色要少得多。但是，长期以来，美国数控机床行业的表现总体可以总结为：融资困难，政府贷款优惠政策少，银行利率高，企业负担重，企业经济效益不佳，自我投资能力不强等。

而日本的财政状况较为宽松，其财政补贴政策通常作为一种有效的引导行业发展的工具，企业轻易地就能得到国家的信贷支持。因此，日本的 CNC 公司与金融机构有很好的联系，而且金融机构很乐意向他们放款。德

第1章 绪 论

国 CNC 的加工设备公司在发展进程中也会得到一定的政府补贴，使其具有更好的经济效益，因此自我投入的积极性也较高。

德国和日本拥有较好的人力资源条件。德国一向注重教育，其特征是高校和员工的培养网络化、并行发展。日本的产业发展以受过教育和训练为根基，十分注重经营和营销人员的技术培训，这对于迅速地进行技术革新大有裨益。美国人才质量不平衡，有不少的科研人员在从事 CNC 的基础工作，却没有专门的技术人员，20 世纪 80 年代控制工业的没落导致大量的公司转产、倒闭、人才流失、工人老化等问题，这一直是美国 CNC 工业面临的难题。

从企业的组织构成上，全球 CNC 机械制造厂商大多是中小规模的，它们的分工合作机制比较完备，特别是日本和德国等。其中，日本更注重大公司的发展，而德国更注重中小型企业的发展。近年来，德国的大公司逐步向集团式发展，其力量逐步加强。日本和德国有着较为完善的技术创新机构，具有较强的技术革新能力。美国有许多中小企业，他们缺乏可以灵活处理创意的中等规模企业来承接各种创新的工作。

建立和执行合适的技术革新策略是提升数控设备制造技术创新的重要手段。技术创新策略包括国家或区域技术创新目标、技术创新路径、技术创新重点、技术创新实现路径等。日本的 CNC 工业具有清晰的技术创新目的，其总体的技术革新策略是以产品和营销为核心的。通过选取适当的切入点，以集中、批量、技术特点为核心的集中批量生产体系，并以其配件为配套，以服务于民用工业，尤其是中小型企业主导的一系列产品，市场创新战略包括价格优势、售前售后服务等。此外，它的战略型人才的培育也在其中扮演了一定角色。

德国 CNC 工业的技术革新策略就是要发挥其自身的技术力量，整体上创造出一个新的综合竞争优势。在生产策略上，德国保持了传统的高质量、高精度的大精密机械等优势，并灵活运用各种类型的机械。其营销战略是为客户提供各种不同类型的机械设备，具有丰富的销售渠道和完善的销售服务体系。所以，虽然德国的CNC机床价格很高，但仍然可以占有一定的市场。

尽管日本、德国等对CNC技术革新的策略有不同程度的偏好，但它们都有一个共性，即具有较好的韧性，确保整个技术革新从设计到生产到销售的完整性，尤其是将产品在市场上最终取得经济效益作为创新过程的目标。与之相反，美国的CNC工业就因为缺少整体的策略而走向衰退。美国CNC设备技术定位清晰，始终以高端市场为导向，以高技术为主要方向，加工工艺较缓慢，能适应军事需要。但其营销观念不强特别是营销渠道不够完善，造成了企业的创新不成功。另外，美国的CNC公司在技术改造和人才培养等问题上没有给予足够的关注。美国CNC工业因其战略上的错误，使其由CNC的创造者转变为全球最大的CNC进口国，其惨痛的经验值得我们反思。

1.2.4　相关研究评述

综上所述，国外对信息技术产业创新理论的研究已趋于完善，国内则侧重于理论介绍。事实上，我国有很多小型信息技术创新产业，它们依靠低廉的劳动力成本和低廉的价格，生产出一些低端的产品，这些企业规模小，缺乏创新能力，生产的产品大同小异，缺乏差异性，只能靠低成本、高产量来维持生存。在我国大力提升专门技术人员技能的同时，"产学+科研"的发展也日益成为人们关注的焦点。在研究与革新领域，有大批的新成员加入。专业技术人员的源源不断，再加上良好的投资环境（环境也是一个成功的产业）和产业政策的支持，产业的开放性让家庭、农村的产业向城镇化转变，形成一个良好的循环结构和良好的健康产业体系。

粤港澳大湾区拥有丰富的自然资源和便捷的交通，而自然资源是决定

第1章
绪 论

产业集聚的重要因素,交通是否便利也是影响产业发展的重要因素。通常,有资源的地方都会对天然资源合理利用,建立起配套的上游企业,随着规模的扩大,这个链条也会延伸,从而带动更多的中下游企业,实现整个产业链的协调发展。交通是工业发展的一个重要媒介,企业可以通过运输和营销商品来完成物资的交易,也可以利用交通工具来进行商品的交易。随着经济对外开放水平的提高,工业的技术水平会随之提高,企业的技术水平则会相应提高。相反,随着对外开放水平的降低,工业的技术革新也会随之减少。我国的经济发展水平与区域内资本流动速度、劳动力和技术流动速度有关。在这种情况下,地方政府要加强对工业的改造,使其在粤港澳地区的发展中发挥更好的带动作用。

上述资料和研究显示,数控产业对技术创新有着巨大的促进作用。

第一,数控行业的地域集中有利于促进企业间的合作。区域内数控产业的集聚,可以促进各机构之间的合作,增强相互之间的信任,不断创新,形成明确的合作关系和共同创新氛围,共同推动区域经济发展。例如,一些数控企业的文化体制、研究方向、金融结构等因素受到区域政策环境的影响,在数控产业集聚的过程中有助于促进产业内的企业开展创新活动。

第二,数控产业的创新有利于知识外溢。在企业创新过程中进行集体学习、运用知识,可以使企业充分享受到企业创新所带来的正面效应,同时,由于市场竞争日趋激烈,企业要想更好地开展创新活动,知识外溢效益就显得尤为重要。区域外企业在当地经济发展过程中难以实现知识外溢,因此产业集聚可以促进知识外溢,企业知识积累越多,创新的可能性也就越大。

第三,数控产业创新有利于形成技术创新网络。在数控产业的创新发展过程中,各种因素都会被积累起来,各种知识可以通过不同的方式传播到各行业。这是当前技术创新过程中的关键因素,不同企业之间的合作可以形成更加完善的技术创新网络。

  粤港澳大湾区不仅完美匹配形成产业创新的条件，还拥有快速发展的优势，所以应全力利用自身发展优势，大力发展创新行业，致力形成区域协同。广州应利用自身雄厚的制造业和工业基础，率先形成国内领先的工业制造数字化、网络化和智能化的基础设施和产业体系，致力于打造高端数控系统的工业基础设施，形成各有侧重、协同发展的数控平台体系，努力成为我国高端数控产业核心发展区域之一。深圳制定了《深圳高新技术产业园区发展专项规划（2009—2015年）》和《深圳新一代信息技术产业振兴发展政策》，制定了一系列针对高新技术产业园区发展的战略定位和政策方针，创造出完善优良的产业发展环境，不断优化营商环境，持续将数控产业打造为先进制造业标杆。佛山实施"一环创新圈"战略规划，打造"东北-科创环"和"西南-智造环"，构建广深港澳科技创新走廊的"一核五平台、多节点"创新体系。东莞重点新兴产业在空间尺度上构建"一核三带十区"的发展布局，打造十大产业集聚区，升级东莞产业发展新阵列等。各城市通过出台各项创新政策和尽全力建成区域协同大局面，致力于促进粤港澳大湾区高端数控产业发展，建成全国领先的高新技术湾区。

1.3 研究内容及框架

  本书包括5章内容。
  第1章介绍粤港澳大湾区面临新一轮科技革命和产业变革加速的新问题新思路。此为研究的出发点，旨在突出研究的必要性和意义，并进行实证："卡脖子"为亟待解决的前沿问题，此为提出问题环节，首先以美国、日本等为例分析信创产业的历史演进；其次通过对高端数控机床领域的研究进展进行分析，从而实证粤港澳大湾区内的协同发展要求；接着对信创

第1章
绪 论

赋能高端数控机床领域发展进行了分析；最后启发出粤港澳大湾区数控产业向高端发展的新思路。

第2章依据粤港澳大湾区数控产业的发展现状，从宏观战略层面梳理出大湾区核心问题和典型城市的发展现状。此为研究的重点和难点，旨在系统研究"长板不长"的成因和施压路径，考虑产业资源不再平衡，进行政策导向。以此为基础，对粤港澳大湾区信创产业概况和信创赋能大湾区数控产业集群的总体发展状况进行整理分析。

基于整体概况，进一步分析粤港澳大湾区内数控产业集群实施情况，拟定为对粤港澳大湾区内的部分城市从不同角度进行具体分析：第一，对具体城市展开介绍，如珠海数控产业的整体发展情况；第二，关于佛山数控产业的分析主要从整体去进行优势分析、问题分析和当前面临的挑战，关于惠州数控产业主要介绍现在的优势产业链、产品种类、产值规模等情况；第三，关于东莞数控产业的发展历程，后来兴起的其他产业借鉴其发展经验，也正在快速发展中。

第3章基于粤港澳大湾区数控产业集群进行剖析，介绍整体发展情况、产业政策、经济环境等，运用SWOT、PEST分析法从优势、劣势、机会、威胁四方面进行分析。以此为基础，接下来研究粤港澳大湾区内数控产业集群，即进一步分析问题的环节，对粤港澳大湾区的具体发展情况进行SWOT、PEST分析。

第4章主要介绍粤港澳大湾区数控领域的数字化转型情况和成功案例，并进行具体剖析。

第5章针对粤港澳大湾区数控产业集群的发展现状和概况提出发展对策，主要包括：抓住机会发挥优势；凭借机会扭转劣势；结合优势占领市场；面对劣势防御威胁，并提出锻长板战略、扭转型战略、多元化战略、防御型战略，面对劣势防御威胁；根据实际发展情况，提出科学的建议，优化数控集群攀升的路径，即为解决问题的环节，借鉴世界其他三大湾区打造集群优势的经验做法，提出提高创新能力、加强基础、培育"龙头"核心技术、整合产业资源等政策建议。

1.4 研究方法及技术路径

采用全网大数据调研分析粤港澳大湾区内数控产业集群受地理邻近性的影响，产业集群创新聚焦点，以及数控产业前沿技术。

借助文献资料调研及内容分析法，在已有的研究基础上，设计调研工作内容和重点企业调研工作，对于科技文献、专利数据、资金投入等数据进行统计，并将定量分析与定性分析结果进行研究分析，相互佐证，获得更为客观的、可靠的、有参考价值的研究成果，最后对粤港澳大湾区数控产业集群的发展提出具体路径和对策。

根据集群理论的相关研究，剖析产业集群的形成规律和带来的区位优势、区域协同理论的发展、"锻长板"战略的核心内涵；依据跨学科理论、多维分析框架、量化分析模型等具体的理论基础，对粤港澳大湾区面对的新一轮科技革命和产业变革加速、大湾区现状和长板不长、发展不平衡等问题，运用系统性研究法和相关事件研究法，总结出粤港澳大湾区数控产业集群发展的对策。

Chapter 2

第 2 章
信创赋能产业变革
粤港澳大湾区数控机床领域概况

2.1 粤港澳大湾区信创产业概况

2.1.1 基本概况

  本书所描述的粤港澳大湾区包括广东省广州市、深圳市、珠海市、佛山市、惠州市、东莞市、中山市、江门市、肇庆市（以下统称"珠三角九市"），以及香港特别行政区（以下简称"香港"）和澳门特别行政区（以下简称"澳门"）。粤港澳大湾区是中国十大城市群之一，同时也是中国三大湾区之一。粤港澳大湾区地理位置条件优越，有着"三面环山、三江汇聚"的特点，拥有漫长的海岸线、优质的港口设施和广阔的海域，这给大湾区

抢滩信创蓝海
粤港澳大湾区数控应用发展现状及对策研究

的发展提供了得天独厚的条件。

2018年,粤港澳大湾区常住人口7115.98万人。其中,珠三角九市常住人口6300.99万人,香港常住人口748.25万人,澳门常住人口66.74万人。截至2020年年底,珠三角九市常住人口总数高达7795.82万人,加上香港和澳门,粤港澳大湾区常住人口高达8617.19万人,仅两年间增长人数高达1500万人,增长率约为20%,且这种趋势还在持续。粤港澳大湾区经济腹地广阔,总面积约为5.6万平方公里,已形成通信电子信息产业、新能源汽车产业、无人机产业、机器人产业,以及石油化工、服装鞋帽、玩具加工、食品饮料等产业集群,是内地建设世界级城市群和参与全球竞争的重要空间载体。2021年,粤港澳大湾区11个城市的GDP达到12.63万亿元,已经成为我国最具有人口吸引力的区域,也是我国开放程度最高、经济活力最强的区域之一,同时是国家建设世界级城市群和我国参与全球竞争的重大战略。随着国家颁布《粤港澳大湾区发展规划纲要》,各城市应扮演好各自的角色,充分发挥各自产业优势和区域协同作用,通过创新为主导的方式实现产业优化升级,从而推动粤港澳大湾区成为我国经济新的增长点。粤港澳大湾区的建设对标世界最著名的三大湾区,分别是旧金山湾区、纽约湾区和东京湾区,目标是建成世界第四大湾区。

信创产业旨在实现信息技术领域的自主可控,保障国家信息安全,其核心目标是建立自主可控的信息技术底层架构和标准,涵盖芯片、传感器、基础软件、应用软件等领域,以实现国产替代。信创产业不仅是数字经济和信息安全发展的基石,也是"新基建"计划的重要组成部分,它将成为推动我国经济增长的重要引擎之一。信创产业的蓬勃发展也将有助于粤港澳大湾区实现快速发展,使其成为全球第四大湾区的重要支撑。

2.1.2 创新定位

中央政府对粤港澳大湾区的五大战略定位其中之一就是建成具有全球影响力的国际科技创新中心。瞄准世界科技和产业发展前沿，加强创新平台建设，大力发展新技术、新产业、新业态、新模式，加快形成以创新为主要动力和支撑的经济体系；扎实推进全面创新改革试验，充分发挥科技研发与产业创新优势，破除影响创新要素自由流动的瓶颈和制约，进一步激发各类创新主体活力，建成全球科技创新高地和新兴产业重要的策源地。

粤港澳大湾区有着极其特殊的要素。大湾区有三个司法区，内地、香港和澳门使用三种货币，同时存在两种政治制度，即"一国两制"。而且粤港澳大湾区内高校和科研资源密集，是华南地区的创新中心，特别是香港拥有国际一流的高校和国际化科技资源，全球500强企业有80%将亚太地区的总部落户在香港。粤港澳大湾区通过自身已经产业化的市场优势，培育了腾讯、网易、比亚迪、华为、中兴、大疆等一批知名高科技企业，这些企业对信创产业的发展起到了很好的带动作用，极大促进了整个粤港澳大湾区的信创产业发展，从而在信创产业的发展上缩小了与世界三大湾区的差距。

2018年，粤港澳大湾区谋划科技创新发展战略，强化科技创新协同机制，推动国际科技创新中心建设。科技部编制了《粤港澳大湾区科技创新规划》，粤港澳大湾区共同起草了《粤港澳大湾区科技创新行动计划》，聚焦技术攻关、基础研究、人才集聚、要素联通、创新创业、国际合作等行动举措，加快构建协同创新共同体。

《关于印发广东省科技创新"十四五"规划》（下称"规划"）的通知由广东省人民政府发布。规划明确，强化重点领域关键核心技术攻关，以提高新一代信息技术创新能力和推动信息产业整体大迈步向价值链中高端为目标，重点聚焦新一代通信与网络、芯片设计与制造、新一代人工智能、

抢滩信创蓝海
粤港澳大湾区数控应用发展现状及对策研究

半导体材料与器件等方面，围绕核心设备、原材料、重大产品等关键技术领域发力和开展攻关。

规划指出，要推动关键软件国产化替代，构建龙头企业牵头、高校院所支撑以及各创新主体相互合作、相互协同的创新联合体，推进应用场景开放、开展核心技术攻关、强化试点应用及推广、打造产业新业态，以推动重点领域项目、项目基地、项目平台、人才和资金一体化等的配置。

规划明确，要紧跟新能源汽车电动化、网联化、智能化变革趋势，深入实施"双碳"国家战略，围绕纯电动汽车、氢燃料电池汽车、混合动力汽车、智能网联汽车产业发展需求，聚焦基础材料、关键零部件、智能化软件系统、新型平台架构等领域开展科研攻关。以融合创新为重点，突破关键核心技术，提升产业基础能力，构建新型产业生态，完善基础设施体系，推动广东省新能源汽车产业高质量可持续发展；推进建设国家级动力电池及电驱动系统检验检测中心、智能网联汽车测试及试验基地、燃料电池汽车示范城市群，加快建设汽车强省，推动新能源汽车产业迈向全球产业链高端。

规划进一步指出，粤港澳大湾区的目标是推进建设世界级新材料产业集群，根据高质量发展的需求，在新一代信息技术、先进制造业等领域集中发力，以支撑"广东强芯"工程等重大工程建设为重中之重。围绕各种新型材料，开展核心技术攻关和产业化应用研究，主要集中在新型半导体材料、先进基础材料、新型电子信息材料、新型复合材料、新型功能材料、生物医药材料、材料基因、材料检测、新能源材料和验证技术等领域。在低维及纳米材料、仿生与超材料、超导材料、增材制造材料和其他前沿新材料的领域，需加强科学探索、关键技术的研发和前沿新材料的制备、加工与应用转化技术的研究进度。

规划还提到三个"加快"，包括加快松山湖实验室、季华实验室、化学

第2章 信创赋能产业变革
粤港澳大湾区数控机床领域概况

与精细化工省实验室、阳江合金材料实验室等新材料平台建设，加快突破关键原材料及重要领域核心技术，加快发展材料基因工程技术，使之能够在新材料研发中作为应用示范，建设成全球范围内极具高水平的新材料创新高地。

规划进一步明确，结合数字产业化和产业数字化、数字经济和实体经济深度融合，以国家数字经济创新发展试验区建设为依托，重点在工业互联网、移动互联网、物联网、人工智能、大数据、云计算、区块链、智慧城市、智慧交通等领域开展关键核心技术攻关和融合应用，探索标准规范制定，提升数字技术和数字基础设施水平。搭建云计算集群，推进建设粤港澳大湾区大数据中心、国家健康医疗大数据应用示范中心、物联网技术行业应用示范平台、智慧城市信息服务系统与应用支撑平台等，建设人工智能与数字经济广东省实验室，推动广东成为数字经济强省，推动粤港澳大湾区成为世界一流湾区。

信创产业的关键在于芯片、传感器、工业软件和基础软件等领域，都或多或少地存在被国外"卡脖子"的风险。在这些领域的发展上，我国面临着相当大的挑战，因此需要进一步加大研究和创新的力度。

在芯片制造领域，广东省正在补齐短板，并实现了诸多成效。2021年，广东省印发《广东省制造业高质量发展"十四五"规划》，第一次在"五年规划"中提到了芯片制造的具体发展方案，把芯片制造摆在了一个前所未有的高度，要求广州、深圳、珠海、佛山等城市相互配合，致力于晶圆代工、28纳米及以下先进制造工艺、第三代半导体等方面的布局和建设。成体系的发展方案背后不仅是广东省发力芯片制造的长远布局，也体现出如今广东省对造"芯"的重视程度。

在传感器领域，广东省于2015年7月颁布了《广东省智能制造发展规划（2015—2025年）》，指出未来要重点发展新型传感器、微机电传感器、自检校自诊断自补偿传感器，以及工业自动化环境下的温度、压力、流量等传感器，研发高灵敏度、高环境适应性、高可靠性的智能仪器仪表。随后，广东省出台系列政策，推动制造业转型升级和优化发展，推进传感器等智能装置研发和产业化。

软件领域。工业软件是工业技术和工业知识沉淀的精华，涵盖大量工业体系、行业技术和管理经验。当前，我国工业软件生态尚未完善，工业软件开发商、高校及科研院所、工业企业等产业链各环节未能形成良好的合作协同机制，这在很大程度上制约了国产工业软件的突破与发展。筹建的广东省工业软件创新中心整合了9个国家重点实验室、3个省级工程中心和6个校企共建创新平台，聚集了CAD、CAM、CAE、CAPP等工业软件领域创新链、产业链和创新生态系统国内优势资源，将主要承担工业软件技术研发、适配验证及成果转化等相关任务，是广东省面向制造业创新发展重大需求，进一步突破工业软件"卡脖子"难题的攻坚阵地。

2.1.3 信创产业发展情况

2017年是一个具有里程碑意义的年份，粤港澳大湾区的GDP超过10万亿元，增速超过7%，高于全国平均水平。具体而言，澳门、珠海和深圳增长最快，分别达到10%、9%和8.80%。深圳和广州跻身全国前10名城市之列，成为继上海、北京之后的全国第三、第四城市。总体而言，粤港澳大湾区已经逐步过渡为服务经济和追求创新经济的区域之首。

截至2018年年末，粤港澳大湾区有20家世界500强企业和4.3万家国家级高新技术企业，发明专利总量达33.08万件，PCT专利总量达到2.78万件。珠三角九市财政科学技术支出941.68亿元，占地方一般公共预算支出的8.88%。建成大科学装置5个，在建大科学装置9个。有新型开发机构180个，省级以上创新平台4539个，科技企业孵化器876个。

除了上述提到的一些情况，《广州日报》的数据显示，2020年粤港澳大湾区已公开的有36.59万件发明专利，远远多于国际三大湾区的发明专利。

第 2 章 信创赋能产业变革
粤港澳大湾区数控机床领域概况

粤港澳大湾区在 5G、人工智能等领域相比国内其他地区具有领先优势，在 5G 基站和专利、国家级工业互联网跨行业领域平台的数量国内领先。中国信息通信研究院数据显示，2021 年华为、中兴、OPPO 的 5G 有效全球专利数分别占全球总量的 14%、8.3% 和 4.5%，分列全球第 1 位、第 5 位和第 9 位，粤港澳大湾区成为全球 5G 发展高地。

截至 2022 年 2 月，粤港澳大湾区有散裂中子源、空间环境地面模拟装置、空间引力波探测地面模拟装置、脑模拟与脑解析设施、合成生物研究设施等国家级大科学装置，综合性国家科学中心获批建设。粤港澳大湾区已布局国家实验室 2 个（全国共 9 个），国家重点实验室 50 个（其中广东省 30 个、香港 16 个、澳门 4 个），广东省实验室 10 个。科技产业创新平台方面，有 3 个国家级创新中心、22 个国家级工程研究中心（工程实验室）、45 个国家级和地方联合工程研究中心获得国家批准。国家高新技术企业方面，拥有 5.61 万家国家高新技术企业，位居全国第一，超过排名第二的江苏近 2 万家。

芯片方面。华为海思、中兴微电子、比亚迪微电子、汇顶科技、国民技术、国微电子等知名芯片设计公司都坐落于粤港澳大湾区。据新京报贝壳财经 2022 年的报道可知，我国现存关键词为"芯片设计"和"集成电路设计"的企业共 16.83 万家，从省份分布来看，广东以 6.33 万家位列第一，福建、江苏、四川分列第二至第四位。

传感器方面。2020 年 9 月，湾区智能传感器产业园正式启动，明确湾区智能传感器产业园将以广州开发区为试点，推动智能传感器技术创新，促进智能传感器产业集群发展。截至 2021 年 9 月，根据企查猫数据，广东省企业中，企业名称或者经营范围内含有"智能传感器"的大中小企业共 79212 家。按注册资本划分，注册资本在 100 万元以下的企业有 21238 家，100～500 万元的有 31787 家，500～1000 万元的有 12536 家，1000 万元以上的有 13542 家，占比分别为 26.85%、40.18%、15.85% 和 17.12%。广东省

抢滩信创蓝海
粤港澳大湾区数控应用发展现状及对策研究

智能传感器行业的领先企业有深圳安培龙科技股份有限公司、深圳市戴维莱传感技术开发有限公司、深圳飞骧科技股份有限公司和广州飒特红外股份有限公司等。

基础软件和工业软件方面。在软件行业中，尽管占比很小，但是工业软件十分重要，不可或缺。如果把工业制造比作一个人，那么工业软件就是工业制造的大脑和神经，是工业领域的"皇冠"。新中国成立以来，我国在硬件制造上实现了从 0 到 1 的伟大壮举，但是部分领域在核心技术、产业基础、应用生态等方面存在诸多不足，容易被"卡脖子"。据了解，由于工业制造业的需要，中国每年需要购买国外的软件产品和服务，总消费额为 1.3 万亿元。目前，广东一批工业软件企业正在缓慢崛起，将改写广东乃至全国工业互联网领域"重硬轻软"的整体生态格局。调查数据显示，广东省软件产业规模发展迅速，已经连续多年位居全国第一，尤其是独立软件开发商的市场份额在全国占比达 52%以上。此外，从数字经济总量来看，广东省连续多年位居全国第一，产业数字经济一体化继续以 40%的比重领跑全国。工业互联网平台建设持续提速，广东省也拥有全国最多的平台企业，包括华为、腾讯等，还培育了多家本地工业互联网平台，包括中船互联、致景信息、博依特等企业。目前，国产工业管理软件应用发展较为成熟，软件企业赛意信息是广东本土企业，工业管理软件则运用了大数据、工业场景、人工智能等新技术，以推动国内制造业转型。

2.2 粤港澳大湾区数控产业集群总体发展状况

2.2.1 基本概况

粤港澳大湾区虽然是我国开放程度最高、经济活力最强的区域之一，

第2章 信创赋能产业变革
粤港澳大湾区数控机床领域概况

但是在数控产业集群发展过程中,关键领域"卡脖子"、核心技术攻关持续性投入不足、部分领域处于产品价值链中低端、产业链协同联动发展不足等问题仍在很大程度上制约着产业的发展。

目前,国家针对高档数控产业相继颁布了多项支持高档数控产业的政策,并取得了诸多成效,如加快数控产业转型,促进行业良好发展,结合当前国内市场在高端数控机床和基础生产设备领域的高需求,粤港澳大湾区将作为先驱者引领高档数控机床和基础制造装备业朝着产业集群化的方向发展,使数控龙头企业之间和上下游产业链企业依靠比较近的地理位置和较少的边缘成本,形成一个数控产业的发展优势,这是数控产业集群的重要体现。一个优秀的数控产业集群可以在经济和技术上为这个地区数控产业的发展提供极大的帮助:一是可以加大引资力度,在高档数控机床和基础制造装备业拥有资金优势,由此可以引进大量国内外该产业的优秀企业,与当地现有数控产业龙头企业充分合作,加速国内该产业的发展;二是在制造业产业能力存在优势的情况下,大力引进高档数控产业生产需要的供应商和买家企业,从而构建起完善并且优秀的产业链,为高档数控机床和基础制造装备业的发展提供更坚实有力的保障。

在当前国家大力推进信创产业发展的过程中,数控产业涉及信创产业的诸多产品和应用。以数控机床为例,机床主体、传动系统和数控系统是数控机床的主要构成,如图 2-1 所示。机床主体是重要机械附件部分,也是机床的主要组成部分,相当于人体的"骨架",包括整体框架、实现机床运动的必要部件。传动系统是数控机床的脉络,相当于人体的各种"血管",实现数控机床各部分功能平稳且有序进行,而切削加工件刀具是实现传动的机械部件和涉及的动力系统的有效保障。数控系统是数控机床的"手"和"脑",主要包括 CNC 装置、伺服驱动器、伺服电机。

抢滩信创蓝海
粤港澳大湾区数控应用发展现状及对策研究

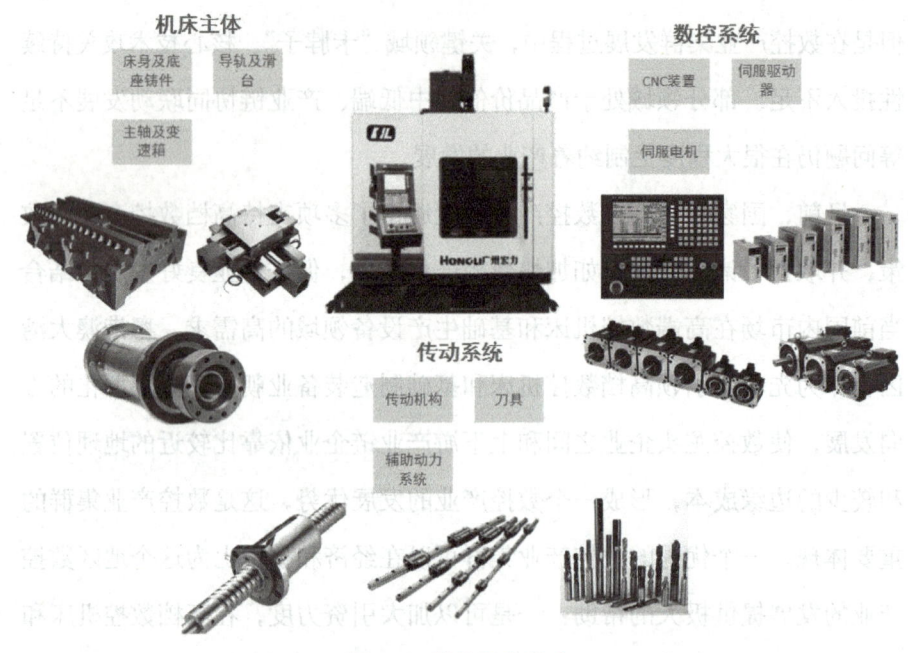

图 2-1 数控机床构成

从数控机床行业的特点出发，针对金属切削加工、智能制造等上下游领域对工业软件的迫切需求进行分析，主要涵盖四大课题：数字化研发、数字化制造、装备工业安全、行业云及 IOT，如图 2-2 所示。

图 2-2 数控机床系统涉及的信息技术

数字化研发、数字化制造、行业云和 IOT 平台均使用了大量的工业基础软件和制造管理系统，而工业基础软件正是我们国家被"卡脖子"的重要领域之一；在装备工业安全方面，目前高端数控设备均用于关键制造领域，设备在初始设计时重视功能的实现，并未考虑未来与互联网技术进行融合而缺乏足够的安全因素，造成数控设备的安全隐患，同时数控设备作为数控系统的重要组成部分，因此造成数控系统容易遭受网络攻击。总体上，数控系统的安全处于"缺加密、无防护、少认证、弱授权"的状态，信创产业发展的成功与否决定着国内数控产业的命脉。

2.2.2 特征结构

广东省是全国机床消费大省，特别是珠三角九市，目前占全国机床市场范围内消费总额的 10%左右，但其中约 80%来源于省外或进口。经过近些年的发展，粤港澳大湾区数控机床行业取得重大进展，涌现出一批具有全国先进水平的创新企业，形成我国数控机床重要的产业集群。

近年来，广东省相继出台了《广东省人民政府关于培育发展战略性支柱产业集群和战略性新兴产业集群的意见》《广东省制造业高质量发展"十四五"规划》等政策文件，提出以服务国家战略需求为导向，加快建设珠江西岸先进装备制造产业带，加快培育高端装备制造产业。其中，高端数控机床被列为重点发展领域之一，重点突破机床整机及高速高精、多轴联动等产业发展瓶颈和短板，支撑广东省制造业高质量发展。

随着广东省汽车、3C、家电等行业飞速发展，对数控机床需求日益增加，以及国家和地方政府的支持，广东在钻攻机、雕铣机等细分领域培育了一批骨干企业，目前相关企业已有 500 多家，逐步成为国内新兴的数控机床研发、生产和应用基地，各领域代表企业如表 2-1 所示。

抢滩信创蓝海
粤港澳大湾区数控应用发展现状及对策研究

表 2-1　各领域代表企业

细分领域	主要企业名称
金属切削	广州敏嘉、广东鑫泰、佛威精密、江门佳铁、广东领航、深圳捷甬、深圳盛德、深圳创世纪、广东科杰、东莞盈拓等
数控系统	广州数控、固高科技、深圳华中数控、深圳众为兴数控、广州诺信数字测控等
高端数控机床	东莞巨冈、东莞埃坶米、广州霏鸿、普瑞米勒、中山迈雷特、深圳汇川、深圳台群精机、格力数控机床、美的智能、广东金科、佛山普拉迪、广东润星科技、东莞乔峰机械、深圳鼎泰等

区域布局方面。广州、深圳在高档数控机床和数控系统等方面具有优势；佛山形成了金属成型数控机床的产业集聚，顺德陈村集聚了 30 多家压力机械制造企业，成为全国有名的压力机械专业镇；东莞、中山等集聚了模具制造、金属热处理、机床电器、材料等数控机床相关上下游配套供应商。此外，格力、广州数控等制造业龙头企业的高档数控机床研发生产能力快速提升，带动了产业链上下游共同推动广东成为我国重要的数控机床、数控系统和关键功能部件生产基地。

技术优势方面。广东数控机床产业的特专型、经济型、普及型数控系统、光栅尺和数显装置等核心功能部件均形成了明显的产品特色。

根据《南方日报》，2020 年 8 月 25 日，广州市南沙正式建成广东省高档数控机床及关键功能部件创新中心（下称"创新中心"）。这是第一个全国范围内建成的数控机床领域省级制造业创新中心，由广州数控、敏嘉制造、凯特精机、佳盟子机床等 10 家行业龙头企业作为发起单位，联合广东省内高校（包括广东工业大学、华南理工大学等）组建。

广州数控技术总部办公室副主任李鸿基表示："在此之前，广东数控机床行业尚没有具有行业影响力的科研支撑平台，创新基本都是依靠企业自主研发为主。"然而，对于一些需要多家企业共同合作才能解决的复杂问题，单独依赖一家企业的力量显然不太现实。如果盲目进行孤立研究，可能会导致创新资源的浪费。

虽然广东拥有众多机床企业，但它们在发展质量方面存在着显著差异。

制约广东高端数据机床产业向更高水平发展的主要原因是，当前国内企业重视各自发展高端产品的研发难以独自进行，缺乏以高端产品为核心的多项技术。"成立创新中心的初衷就是，集中大家的'智'来做共同的事，聚焦共性技术、关键核心技术，整合资源进行攻坚，为整个机床行业发展带来核心技术突破，也为创新中心的各企业的发展提供支撑。"创新中心的建立是广东在产业链和创新链之间进行战略部署的重要举措，旨在推动产业集群的协同发展，同时也为国内企业明确了未来发展的方向。

从目前的国际竞争环境来看，机床产业是工业"母机"，是制造业的核心，机床产业与制造业的发展息息相关。从全球范围来看，像美国、日本、德国等制造强国都拥有强大的工业基础和先进的机床产业技术实力，其中有一些龙头企业可以支持国家制造业的持续发展。广东是坚持以制造业立足的制造业大省，《行动计划》将高端数控机床列为广东高端装备制造产业集群重点培育的六大工程之首，明确面向汽车、电子信息、航空、家电、新能源等领域，重点推动机床整机及关键零部件研发及产业化，以打造成全国高端数控机床的重要基地。

2.2.3 发展模式

1. 加强高端数控机床产业发展部署

立足广东高端数控机床产业发展内外部环境，借鉴和吸收建国初期规划"十八罗汉""四大金刚"厂（指新中国成立初期在苏联的援助下，改造和新建的18个机床厂和4个工具厂，如沈阳机床厂、大连机床厂等）的宝贵经验，进一步梳理广东高端数控机床产业发展基础及问题，科学制定产业创新发展战略目标，明确发展重点研发任务及重大工程，并提出切实可行的发展举措建议，形成广东高端数控机床高质量发展的具体行动方案。

抢滩信创蓝海
粤港澳大湾区数控应用发展现状及对策研究

2. 加大高端数控机床企业政策扶持力度

加强政府的引导作用，根据《"十四五"智能制造发展规划》《广东省制造业高质量发展"十四五"规划》和广东省战略性产业集群等对支持高档数控机床产业发展的举措要求，配套制定广东省内高档数控机床专项扶持政策；充分利用现有渠道，加大对高档数控机床行业的支持力度。鼓励企业加大研发投入，支持重大科技创新项目建设；组织高档数控机床科技重大专项、智能制造专项的申报工作，建设一批智能制造试点示范项目，争取国家项目资金的支持；推进首台重大技术装备保险补偿机制在高档数控机床及关键核心零部件方面的应用。

3. 构建数控机床共性技术协同创新体系

以加强中高档数控系统、机床核心功能部件、高性能切削刀具及磨料磨具、高档测量仪器和系统、中高端数控机床的产业链和创新链布局，引导金融资本向这些领域持续投入，支持高档数控机床相关的国家工程（技术）研究中心、国家重点实验室、国家认定企业技术中心建设；引导产学研用相结合的产业发展路线，鼓励行业龙头企业牵头组建技术攻关联合体，开展关键核心技术攻关及推广应用；加强新产品验证推广工作，通过中试基地、示范应用和标准认证手段打通新产品走向市场的通道。

4. 不断加强高端数控机床人才队伍建设

健全人才培养机制，促进企业和院校成为技术技能人才培养的"双主体"，聚焦产业发展需求，支持高校完善制造业人才培训体系，并鼓励有条件的高校、科研院所、企业联合共建实训基地，构建有利于中高端人才引进、培育的氛围，引进一批高端数控机床高端研发创新人才团队及"专精特新"产业技术人才团队，夯实人才团队基础，形成高端数据机床产业创新发展的内生动力。

第 2 章 信创赋能产业变革
粤港澳大湾区数控机床领域概况

2.2.4 发展趋势

目前,高档数控机床朝着"三高"(高速、高精度、高可靠)、功能复合化、网络化和智能化等方向发展。

1. 实现高速、高精度、高可靠是当下数控机床发展的主要核心方向

高档数控机床之所以能够反映一个国家的工业制造业的水准,正是因为其一直向更高的加工精度、切削速度、生产效率和可靠性发展,特别是随着 CAM(计算机辅助制造)系统的应用,高档数控机床加工精度由丝级精度已进化为微米级精度。未来,数控机床将通过优化的整机结构、先进的控制系统和高效的数学算法等,大幅度提高加工精度、加工效率及可靠性等。

在加工效率和精度方面,国外德玛吉森精机 CTX beta 1250 TC 4A 车铣复合加工中心的车削/铣削的切削速度已达到 20000 rpm、换刀时间 0.4 s、切削速度 280 m/min、定位精度 0.006 mm、重复定位精度 0.002 mm。

在可靠性方面,国外数控机床的 MTBF(平均无故障工作时间)值已达 6000 小时以上,驱动装置达 30000 小时以上。

相较而言,国产数控机床的整体性能仍远低于国外指标。

2. 实现功能复合化的一体化加工成为数控机床行业的新需求

加工方法复合程度更高的复合机床能够更好地适应柔性化生产需求,将成为未来高档数控机床发展的重要方向。不同切削加工工艺复合(如车铣复合)、不同成形方法的组合(如增减材复合),均可以大大缩短工件定位装夹等辅助工作时间,提高机床加工效率,有效解决如飞机落架零件、航空发动机机匣等难加工特殊器件的加工难题。

例如,西安增材制造国家研究院有限公司自主研发的"五轴增减材复合加工中心"集激光增材制造与车铣加工于一体,可实现增材成形和减材

加工的自由切换，通过增材过程实现零件的基本成型，再通过切削加工保证零件的加工精度和表面质量，其中包括表面粗糙度、直线度和圆柱度等指标，以满足增减材复合制造及修复再制造的需求。

3. 满足无人工厂及智能制造需求的智能数控机床是未来数控机床发展的趋势

以"感知、互联、学习、决策、自适应"为主要功能特征的智能机床是数控机床发展的高级形态，推动传统机床与大数据、工业物联、数字孪生、边缘计算/云计算、深度学习等相互结合将有力助推智能机床发展与进步，也是数控机床未来的重要发展方向。如日本马扎克 Mazak 数控机床中 Smooth AI 主轴通过人工智能自适应控制，根据检测到的主轴振动的相关数据，通过分析数据，调整出适合的加工条件，从而抑制振动的产生或者减弱振动对工件的影响，从而达到更好的加工质量和效率；华中 9 型智能数控系统集成了人工智能芯片及人工智能算法，遵循"感知－学习－决策－执行"全程自主完成的新模式，实现大数据与加工工况的关联映射，可精确预测零件轮廓误差，有效提升零件的轮廓各精度，达到机床动态精度的极限提升。

2.3 信创赋能粤港澳大湾区数控产业集群的城市发展现状

2.3.1 基本概况

高端数控机床和基础制造装备领域的主要生产商是以美国、日本、德国等为首的工业强国，但是这一制造领域的核心技术被这些国家掌握，并不会出于慈善授予我们。正因为国内高端数控机床和基础制造装备发展水

第2章 信创赋能产业变革
粤港澳大湾区数控机床领域概况

平较低，难以满足高端制造企业的需求，虽然国内市场需求巨大，但仍然无法改变国内机床近80%需要进口的困境。

德国、日本基本垄断了普及型以上高档数控系统市场，在没有好的相关技术基础的情况下，国内产品市场占比低就显得不足为奇了，涉及关键功能部件的占比更是惨不忍睹。由于2008年金融危机对实体经济的影响，我国装备制造业暴露出了许多的问题，为了保护经济发展，实现经济稳步上升，我国的装备制造业就必须进行产业结构调整和全面的产业升级。

经过近些年的发展，我国高档数控机床领域和基础制造装备取得了较大的进步，集中体现在技术水平、产品种类、产品质量和产量等方面上，某些关键技术也取得了很好的成绩，这是值得庆幸的。但是对比同期国外同类产品来看，该领域的技术开发水平和本身技术的基础还存在较大差距，具体表现为产品的开发周期、产品的性能水平、产品的使用可靠性等方面。

国家大力推进信创产业的发展，为加快自主创新进程的实现，逐渐减少对进口产品的依赖性，实现关键部件国产化替代，避免"卡脖子"事件再次发生，我国将着重发展高速、精密型数控车床、车削中心及四轴以上联动的复合加工机床、高速高精度的立式加工中心和数控铣镗床，以及各类重型和超重型数控机床等，也要推动数控机床涉及的数控系统关键零部件的发展。

广东省智能制造装备包括数控机床及系统、机器人等行业，主要集中在数控机床及系统领域，涌现出广州数控设备有限公司、广州敏嘉制造技术有限公司、广东领航数控机床股份有限公司、广东锻压机床厂等一批技术水平居国内领先地位的骨干企业。

尽管一部分企业发展迅速，但是粤港澳大湾区的数控产业集群的发展仍然面临着许多问题。

1．产业发展顶层设计仍需加强

广东省长期以来缺乏对重大机床产业项目的系统布局，导致数控机床

抢滩信创蓝海
粤港澳大湾区数控应用发展现状及对策研究

产业整体上呈现"重自由发展，轻行业规划协调"的特点。这种不平衡直接导致重要、急需但难度大的产品领域无人问津，容易且短期有利的领域则一拥而上、重复建设，导致国产数控机床长期处于"低档膨胀、中档缓慢、高档依赖"的同质化竞争局面。如 2013 年开始应用于 3C 制造的钻攻机市场呈现出国产产品混战竞争态势，而对应的中高端数控系统、机床核心功能部件等领域鲜有企业布局。

2. 产业持续稳定投入不足

国外机床产业背后都有雄厚金融资本给予持续且稳定的支持，利润回报率高，发展速度明显高于国内产业。广东省机床产业起步阶段落后于国外产业，目前正处于迈向中高端发展的阶段，相关企业受限于盈利能力等因素影响，持续的资金保障能力不足，仍需大量资金的持续稳定投入。另外，高端数控机床相关扶持政策仍需进一步落实落细。

3. 因关键核心技术受制于人形成高端产品市场壁垒

近年来，广东省数控机床产业产销规模已取得长足进步，但因关键核心技术缺乏，导致数控系统、传动系统及各类功能部件中的核心零部件外采比例普遍超过 80%，高盈利的高端产品市场占有率仍远低于海外巨头。与此同时，日本发那科、德国西门子等国外龙头企业在数控系统领域均发展了近 60 年，积累了大量的先进技术，并在我国已拥有良好的市场品牌和客户美誉度，培养了一批稳定的客户群体。因此，国产中高端产品供给不足和外资品牌形成了稳定"市场生态圈"，导致后期国产机床进入高端领域面临难以逾越的壁垒。

4. 高端数控机床人才规模不足

纵观整个行业，机床业就像是制造业中的"农业"。农业利润低，自然人才待遇不会高，引发人才流失，缺少人才的流入，自然这个行业就陷入了低谷，回过头来又制约了产业的利润，形成闭环，迟迟得不到良好的发展。随着广东省内数控机床市场规模的发展加快，人才短缺的瓶颈影响愈加凸显。

2.3.2 典型城市发展现状

1．广州

据广东省统计局统计的数据显示，2022年第一季度，广州市完成规模以上工业增加值1268亿元，同比增长7.9%，高于全国（6.5%）、广东省（5.8%）。总体来看，广州全市工业经济在第一季度中发展较为平稳，特别是在工业和信息化的发展十分亮眼，保持了良好发展态势。

工业产销、企业平均产能利用率维持较高水平，全市工业产品销售率99.4%，高于全国的3.3个百分点。其中，汽车、家具、农副食品、饮料等13个行业产品销售率达100%以上；制造业样本企业平均产能利用率达77.0%，高于全国、全省的平均水平。其中，重点工业区的贡献显著突出，如黄埔、南沙、番禺、增城四个区的增速均高于全市的平均水平，合计增加值增长达10.2%，对全市增长贡献率达89%，对全市工业增长形成重要支撑。

重点行业和龙头企业支撑有力。重点行业中，汽车、电子行业增长贡献率近90%。汽车制造业在新车型和新能源车畅销带动下，产值同比增长16.0%，对全市规模以上工业增长贡献达72.0%；电子行业产值同比增长8.0%，高于全市水平的1.8个百分点，对全市增长贡献达17.9%。百强企业增速较快，产值前百位企业合计产值3242亿元，同比增长9.7%，高于全市平均水平的3.5个百分点，增长贡献率达88.6%。

先进制造业增加值占比提升。第一季度，先进制造业增加值达779亿元，同比增长10.5%，占规模以上工业增加值的比重为61.4%，同比提高1.4个百分点。高技术制造业增加值247亿元，同比增长23.9%，高于全市

抢滩信创蓝海
粤港澳大湾区数控应用发展现状及对策研究

平均水平 16 个百分点，占规模以上工业增加值比重为 19.4%，同比提高 1 个百分点。制造业投资占比提升，全市制造业投资 173.7 亿元，同比增长 45.4%，占工业投资比重 81.3%，同比提高 7.2 个百分点。在一批重大项目带动下，电子信息和石油化工制造业大幅增长。

数字经济核心产业较快发展。第一季度，广州实现软件业务收入 1321 亿元，同比增长 13.5%，在高端软件的领域上，发展较为迅速。工业软件收入同比增长 19.9%，基础软件收入同比增长 20.9%，大数据、云计算、移动互联网平台服务收入增速达 18%以上。全市电信业务总量达 82.18 亿元，同比增长 16.2%。

据企查猫数据，截至 2022 年 11 月，广州市注册资金超过 1000 万元的数控机床在业企业超过 350 家，目前仍在不断增加。随着近年来的发展，一批位于广东省数控机床企业始终坚持"自主创新"的原则，蒸蒸日上，其中具有代表性的企业就有广州数控设备有限公司（简称"广州数控"）。该公司成立于 1991 年，有着"中国南方数控产业基地"之美誉，截至目前，数控系统共计 110 万台（套）落地。广州数控一直将自主创新纳入企业发展的重要因素，自主研发了 GSK 交流伺服驱动，填补了国内在该领域的空缺，成功打破国外垄断，迫使国外同类产品降价 50%。广州数控一举打开了航空发动机叶片加工高端数控机床市场，同时带动了整个广州市的数控产业的发展。

2．深圳

2018—2022 年，深圳市数控机床产业政策数量整体呈现波动态势。2022 年 6 月，深圳市发改委出台《深圳市培育发展工业母机产业集群行动计划(2022—2025 年)》，确定深圳市数控机床的工作目标是产业规模不断壮大、创新能力不断增强、产业数字化显著提升、产业生态逐步完善。在政策指导下，深圳市工业和信息化厅、发改委、科技创新委等政府部门分工负责，

第 2 章　信创赋能产业变革
粤港澳大湾区数控机床领域概况

带动数控机床产业发展。表 2-2 为深圳 2022 年前三季度经济运营状况。

表 2-2　深圳 2022 年前三季度经济运营状况

类　别	增加值		合　计
工业生产	（主要行业大类） 1. 规模以上汽车制造业：+105.9% 2. 石油和天然气开采业：+6.6% 3. 专用设备制造业：+7.0% 4. 计算机、通信和其他电子设备制造业：+3.9%	（主要高技术产品） 1. 新能源汽车：+217.3% 2. 充电桩：+130.0% 3. 5G 智能手机：+37.4% 4. 民用无人机：+28.7%	全市规模以上工业+6.2%
固定资产投资	（分产业） 1. 第二产业：+35.1% 2. 第三产业：+8.5%	（高技术制造业） 1. 电子及通信设备制造：+48.7% 2. 信息传输、软件和信息技术服务业：+45.6%	（社会领域投资） 1. 卫生和社会工作：+111.6% 2. 文化、体育和娱乐业：+36.6%	全市固定资产投资+12.1%
消费	（分消费类型） 1. 商品零售：+3.4% 2. 餐饮收入：-11.0%	（消费升级类商品） 1. 限额以上单位通信器材类：+31.0% 2. 金银珠宝类零售额：+13.7% 3. 限额以上单位通过互联网实现的商品零售额：+19.2%	7079.55 亿元+1.7%
进出口	进口（10849.72 亿元）：-6.5%	出口（15241.58 亿元）：+12.9%	26091.30 亿元+3.9%
金融机构本外币	存款余额（120282.68 亿元）+9.5%	贷款余额（82774.93 亿元）：+13.9%	/
消费价格	1. 食品烟酒：+3.1% 2. 衣着：+0.9% 3. 居住：+0.5% 4. 生活用品及服务：+1.3% 5. 教育文化娱乐：+3.2% 6. 医疗保健：持平 7. 其他用品及服务：+2.1%		全市居民消费价格比上年同期：+2.4%涨幅与 1~8 月持平
产值	1. 生产总值：+22925.09 亿元，同比+3.3% 2. 第一产业：+19.94 亿元，同比-0.2% 3. 第二产业：+8364.64 亿元，同比+5.2% 4. 第三产业：+14540.51 亿元，同比+2.2%		

深圳市数控机床产业链中，上游产业主要包括主体结构件、电气元件、工控系统、驱动部件四个环节。其中，深圳市与主体结构件产业相关的企业约有 50 家，电气元件制造企业超过 420 家，工控系统开发机制造企业超过 5000 家，驱动部件企业约有 130 家，中游数控机床制造企业超过 2300 家，应用于各类工业生产领域。

根据《深圳市培育发展工业母机产业集群行动计划（2022—2025 年）》，数控机床产业集群重点布局宝安区和龙华区，分别依托宝安区和龙华区的优势进行整合。一方面，为构建打造工业母机产业核心承载区和制造业的创造中心，以形成"龙头引领、平台支撑、企业集聚"的产业生态；另一方面，着重发展高端电子专用设备，培育电子设备和机床数字化应用集聚区，其中在该方面的优势作用在于龙华区在 3C 电子等领域拥有着制造基础。截至 2021 年，位于深圳的工业母机产业增加值已达 217 亿元，面向 3C 制造领域的市场份额较多，其中锂电池专用设备技术已经进入国内排行榜前列，其他部分领域也集上游核心零部件、中游设备本体和下游应用，初步形成较为完备的产业链。企查猫查询数据显示，2000—2022 年数控机床产业历年新注册企业数量整体呈现波动上涨趋势。其中，2021 年新注册企业数量达到高峰，全年新增企业数量超过 440 家。截至 2022 年 9 月 16 日，深圳与智能网联技术产业相关的注册企业超 2500 家。

3．珠海

根据《2022 珠海概况》，2021 年珠海全市实现工业总产值 3881.75 亿元，同比增长 6.9%；工业总产值平均为 15.79 亿元，同比增长 4.0%；规模以上工业增加值 1339.37 亿元，增长 8.8%；按城乡常住地分，农村常住居民人均可支配收入 34394 元，比上年增长 10.5%，扣除价格因素实际增长 9.6%，城镇常住居民人均可支配收入 64234 元，比上年增长 9.8%，扣除价格因素实际增长 8.9%。2021 年全市完成规模以上工业增加值 1339.37 亿元，增长 8.8%；作为珠海市六大支柱产业的精密机械制造业同比增长 7.8%。

"聚焦做大新一代信息技术、新能源、集成电路、生物医药与健康四大主导产业，做强智能家电、装备制造、精细化工三大优势产业，加快构建现代产业发展格局。"《关于坚持"产业第一"加快推动工业经济高质量发展的实施方案》描绘了珠海工业发展远景规划，即以龙头企业和国有资本为发展主线，搭建平台，引领其他中小企业发展，此项发展措施已成为珠海快速发展、完善打造产业生态的高效路径。在三溪科创小镇，格力智能装备产业园一期生产区厂房内部已具备试生产条件，高大的厂房内陈列着

第 2 章 信创赋能产业变革
粤港澳大湾区数控机床领域概况

即将投入生产的智能物流仓储设备、智能检测设备、高端数控机床等多款创新产品。该产业园主要涉及多个领域的研发，如精密模具、高端数控机床、智能自动化设备等产品，以上均是承载了"中国制造 2025"高端智能装备制造的重点项目，未来有望发展为"绿色工厂、智能工厂、效率工厂"。同时，产业园的落户也将为高端智能装备产业集群的培育奠定良好基础。

数控机床领域。2015 年，格力首台数控机床研发成功，迈出进军数控机床领域的第一步；2017 年，五轴联动数控机床、卧式数控机床相继研发成功，标志着格力进入高端数控机床领域；2019 年，格力研发团队突破了"高性能直线伺服电机及驱动器技术"，在技术创新性、实用性等方面表现突出，达到国际领先水平。

4．佛山

据广东省统计局信息，2022 上半年，佛山市工业生产持续快速增长。上半年全市规模以上工业企业（下同）完成工业总产值 1166.20 亿元，比去年同期增长 24.7%，增速同比高 6.6 个百分点，为 1998 年以来同期的最高水平。完成工业增加值 293.86 亿元，同比增长 21.0%，增速比全省平均水平高 1.5 个百分点，仅低于河源、中山、东莞、珠海四市，居广东省第 5 位。

佛山市的主要行业和主要生产产品增长迅猛。在全市 33 个工业大类行业中，相比去年同期有 28 个行业增加，占 85%，其中有 17 个行业增幅超 20%。佛山第一大行业——以家电为代表的电气机械及器材制造业完成产值 341.09 亿元，增长 23.9%，拉动了全市规模以上工业增长 8.3 个百分点。

各区工业发展步伐明显加快。工业产值总量位居全市首位的顺德区，上半年累计完成规模以上工业总产值 496.10 亿元，比去年同期增长 19.1%；位居第二位的南海区完成工业总产值 293.48 亿元，增长 33.2%。三水区、高明区和禅城区虽然产值总量与上述两区相比，存在较大差距，但由于发展后劲逐步增强，上半年呈现了持续高速增长的良好态势。上半年分别增长 31.5%、25.7%和 26.8%。与去年同期发展速度相比,各区发展步伐明显加快。

重工业生产继续快于轻工业。受投资大幅增长的拉动,重工业总产值增长 28.5%,快于轻工业增长 6.2 个百分点。

《广佛全域同城化"十四五"发展规划》提出,要强强联合,深入推动先进装备制造、汽车、新一代信息技术、数控机床与健康产业 4 个万亿级产业集群发展,切实引导支持相关龙头企业加强合作。同时,佛山政府推出了多项促进佛山数控机床产业发展的相关政策。在政策指引和市场需求的驱动下,佛山市数控机床产业链不断完善,其中,在设备部件、数控机床制造等领域均有企业布局,同时佛山具有较为广阔的下游数控机床应用场景。

上游:设备部件。数控系统方面共有企业 106 家、机械部件方面共有企业 336 家、电子元件方面共有 324 家。

中游:数控机床制造。数控机床制造共有 489 家。

下游:应用领域。汽车制造方面共有 835 家,航空航天方面 15 家,模具制造最多,共有 4273 家。

从产业链各环节的代表性企业分布来看,目前佛山市多个辖区均有数控系统、结构件、数控机床制造等相关企业分布,目前数控机床产业的代表企业主要分布在南海区、顺德区和三水区。总体来看,南海区和顺德区的数控机床产业链布局最为完善,分别如表 2-3～表 2-7 所示。

表 2-3 南海区主要企业情况

产　业	主要企业
数控系统	广工大数控、世科智能、劦力智能、中南智达、名视智能、新瑞洲
结构件	坚美铝材、承安股份、金丽声、粤优创、科隆欧哲
数控机床	寰球智能、若铂智能、原点智能、沃田数控、星振数控

第 2 章　信创赋能产业变革
粤港澳大湾区数控机床领域概况

表 2-4　禅城区主要企业情况

产　业	主要企业
数控系统	中科为、夏云智能、华算智能
结构件	日丰企业、盛世腾祥

表 2-5　顺德区主要企业情况

产　业	主要企业
数控系统	元空间、赛米控、天太机器人、海格纳德、科瑞精密、海康雷腾、正上科技
结构件	盈峰材料、佛山耀德、四方板业、万和电气、华恒鑫
数控机床	威德力、曼哈特、金劳达、华方鑫、丰宝数控
电子元件	鑫迪电子

表 2-6　三水区主要企业情况

产　业	主要企业
数控系统	名科智能
结构件	精工钢、奥美高新、冶创金属、金仕顿、众兴隆
数控机床	普拉迪

表 2-7　高明区主要企业情况

产　业	主要企业
结构件	东方广厦、金荣华乐、佛山赣贤、富雄铸造
电子元件	泽浩电子、鑫科源电子

企查猫查询数据显示，近年来数控机床历年新注册企业数量也呈现波动增长态势。截至 2022 年 9 月 4 日，佛山数控机床产业相关的注册企业超 500 家，其中 2021 年新注册企业数量创历史高峰，达 139 家；2022 年 1~9 月，佛山数控机床产业注册企业数量为 77 家，热度不减，总体来看，佛山数控机床产业的发展持续火热。数控产业的热度极大带动了佛山市的经济，也为粤港澳大湾区乃至中国的数控行业做出了极大的贡献。

5．惠州

惠州市出台的《推进制造业与互联网融合发展实施方案》明确了五大重点任务，实现制造向智造转变。按照创新驱动、激发活力、跨界融合、聚合优势，示范、分业推进，企业主体、优化服务等原则，明确推进制造

抢滩信创蓝海
粤港澳大湾区数控应用发展现状及对策研究

业与互联网融合平台建设、培育制造业与互联网融合新模式、提升制造业与互联网融合水平、强化制造业与互联网融合支撑体系建设、做大做强智能制造产业等五大重点任务，加快推动惠州制造业向产业链价值链中迈进，逐步实现惠州制造向惠州智造转变。

推进制造业与互联网融合平台建设，包括推动大型制造企业建设互联网"双创"平台、面向中小企业搭建互联网"双创"服务平台、成立"互联网+先进制造"试点示范区、工业云平台以及行业和产业电子商务平台；大力推动电子信息企业、大型互联网企业、制造企业、高等学校和科研院所建设面向中小企业的互联网"双创"服务平台；鼓励社会资本兴办一批创业社区、创业大街、创客空间等"双创"载体。

培育制造业与互联网融合新模式，包括积极发展互联网型工业设计与其协同制造、供应链智能化管理模式。提升制造业与互联网融合水平，包括提升融合性基础核心技术创新能力、促进制造与互联网两类企业开展协同创新、以互联网提升绿色制造水平，按照产品全生命周期理念开展生态设计，开发绿色产品，建设绿色工厂，打造绿色供应链。大力发展制造业与互联网融合集成产业，每年组织不少于 100 家规模以上工业企业参加评估。强化制造业与互联网融合支撑体系建设，包括推进制造业大数据应用、信息基础设施强化支撑、推动现代化物流体系联网建设和安全可控的工业控制系统，以实现智能制造产业健康发展，达到一个新的高点。实施《惠州市智能制造发展规划（2016—2025 年）》和《惠州市先进装备制造业发展"十三五"规划》，推动德赛自动化、德丰精密、先进科技、利元亨等大中型工业企业加大资金投入，发展以数控机床、智能生产线等为重点的智能装备，促进 TCL、伯恩光学、德赛、华阳等企业深化先进制造技术以及互联网、物联网、云计算、大数据等信息技术的应用，推进生产过程智能化，培育新型生产方式，提升工业产品、装备、生产、管理的智能化水平，打

第2章　信创赋能产业变革
粤港澳大湾区数控机床领域概况

造一批以增材制造（3D 打印）、车联网、智慧医疗等为重点的智能产品。对于自动化生产线方面需加快改造，数字化车间建设也需大力推进，最终实现智能化工厂，为智能装备的发展打下基础。

进一步加大财政扶持力度。具体措施包括：整合统筹创业创新、技术改造、战略性新兴产业、信息产业发展、科技攻关、中小企业等方面的省级、市级专项资金向制造业与互联网融合发展倾斜，重点扶持企业"双创"平台建设；鼓励各县、区设立制造业与互联网融合发展专项资金，加大对融合发展关键环节和重点领域的投入力度，对符合条件的企业实施设备智能化改造、"双创"平台建设运营和应用试点示范项目按投资额度给予一定比例支持。

当前惠州市设有大亚湾和仲恺两个国家级开发区，拥有较大优势，但在数控产业的发展仍然比较薄弱。在数控技术领域，应引进国内外研究机构和团队，推动技术研发中心、高校、科研机构联合企业开展协同创新。积极对接广深港澳，着力引进培育高新技术企业，实施重大人才工程。

惠州 2022 年前三季度经济状况如表 2-8 所示。

6．东莞

东莞第二大支柱产业是高端装备制造，以"双万"为新起点，制造业产业链完备、创新主体众多、工业应用场景丰富等是东莞的优势所在，东莞在发挥自身优势的同时，还应积极施行《高端装备制造战略性支柱产业集群行动计划》，到 2025 年，打造成广东省省数控机床、激光与增材制造、机器人等高端装备制造的重要基地，实现装备制造业产业集群营业收入 5400 亿元以上。

东莞目前围绕数控机床的创新研发加大了力度，以创新推动数控机床的发展，使得许多细分领域的企业以"三化"为标准，即高端化、集成化、服务化，推动企业迈上"专精特新"道路，从而让数控行业关键技术早日

表 2-8 惠州 2022 年前三季度经济状况

类 别	增长率			合 计
农业生产	1. 蔬菜(含食用菌):+3.8% 2. 水果产量:+6.0%	猪肉:+9.7% 禽肉:+7.7% 禽蛋:+36.7%	海水产品:+1.5% 淡水产品:+9.9%	产值:306.82 亿元, +8.4%
工业生产	(分行业) 1. 电子:+5.7% 2. 石化能源新材料: +12.3% 3. 生命健康制造业: +11.3%	(分产品) 医疗仪器设备及器械:+97.3% 化学药品原药:+38.8% 液晶显示屏:+27.2% 智能手机:+19.4%		规模以上工业: 1808.86 亿元, +9.0%
固定资产投资	(分领域) 1. 工业:+55.9% 2. 基础设施:+18.8% 3. 房地产开发:-17.9% 4. 商品房销售面积:-19.3%	(投资结构) 1. 工业投资比重:44.4% 2. 先进制造业比重:27.4% 3. 高技术制造业投资比重:16.5%		全市固定资产投资:+12.4%
消费	(按经营单位所在地) 1.城镇消费品零售额: +4.3% 2. 乡村消费品零售额: +1.7%	(按消费形态) 1. 商品零售: +4.0% 2. 餐饮收入: +2.0%	(按消费升级类商品) 1.通信器材类:+16.6% 2.家用电器和音像器材类:+16.1%。	社会消费品零售: 1510.11 亿元, +3.8%
进出口	进口(789.3 亿元):+14.5%	出口(1574.8 亿元):+2.7%		2364.2 亿元 +6.4%
金融机构本外币	存款余额(120282.68 亿元):+9.5%	贷款余额(82774.93 亿元):+13.9%		/
消费价格	1. 食品烟酒:+2.7% 2. 衣着:-0.3% 3. 居住:+1.1% 4. 生活用品及服务:+2.1% 5. 教育文化娱乐:+2.2% 6. 医疗保健:-0.3% 7. 其他用品及服务:+1.7% 8. 交通和通信类:+8.6%			全市居民消费价格比上年同期: +2.8%
产值	1. 生产总值: 3800.70 亿元,同比+4.3% 2. 第一产业: 186.07 亿元,同比+6.8% 3. 第二产业: 2119.13 亿元,同比+8.5% 4. 第三产业: 1495.50 亿元,同比-1.0%			

数据来源:广东省统计局数据

摆脱了国外的限制。在东莞厚街镇巨冈机械数千平米的生产车间里,200 多名技术工人在两栋厂房内的不同生产线上忙碌,经历光机装配、电机装配、总装几个环节和几十道生产工序后,一批高端五轴联动机床设备并排而立,这批工业母机的加工精密度达到 0.001 mm,随后这些装备将送往新能源汽车车身制造工厂进行一体化车身的高效精密加工。

2018 年,东莞市巨冈机械工业有限公司从 3C 行业用机床的研发生产迅速转型至新能源汽车赛道,以研发应对新能源汽车轻量化、一体化制造需要的新型机床,巨冈机械步入加速发展的快车道,成为东莞"工业母机"

第 2 章 信创赋能产业变革
粤港澳大湾区数控机床领域概况

生产企业代表之一。工业机床作为工业"母机",它的作用就是生产机器、设备。"工业母机"几乎涵盖了所有能够想到的制造业,是制造业不可或缺的,随着机床的发展,目前已逐步迈入千亿元级别的市场规模。

2021 年,我国金属切削机床的产量有了很大的提升,同比增长 29.2%,产量达到了 60.2 万台,金属成形机床产量也有略微增加,同比增长 0.5%,共计 21 万台。对于"工业母机"产业,东莞上市公司已率先布局,其中以拓斯达、埃弗米和南兴装备最具代表性。

作为东莞智能制造领域代表企业之一,拓斯达专注于五轴数控机床的研发,通过自主研发,在五轴联动数控机床、关键功能部件等方面已经掌握了一系列的技术,涉及核心技术和核心产品,实现关键技术自主可控,完成了 CNC 数控机床业务线布局,进一步拓宽了数控机床产品种类。

埃弗米通过扩充生产场地、引进多批熟练技术人才、优化生产流程等方式,有效提升了产能产量,推出了包括五轴联动机床、石墨加工中心、高速加工中心、磨床等数控机床,产品主要应用于航空航天、医疗、军工、汽车、精密模具与机械零件加工等重要核心领域。2021 年,埃弗米五轴数控机床出货量 64 台,同比增长超过 68%。

作为"工业母机"概念企业,南兴装备已成为数控木工机床行业的领军企业,在行业中率先推出了自动封边机、计算机裁板锯、数控钻、木工柔性生产线等产品。2021 年实现营业总收入 27.77 亿元,同比增长 30.19%;实现总净利润 2.9 亿元,同比增长 11.95%。

东莞是国内高端装备产业发展最成熟、配套最完善的"双最"地区之一,南兴装备是东莞成长发展起来的本土龙头企业,在产业中处于链主企业的地位,未来计划将进一步促进产业链上下游企业的合作,携手打造数控机床产业发展的优秀数控产业生态圈,打造全省数控机床重要基地。我国虽为机床产业大国,但大而不强,行业内企业规模普遍较小,中高端亟

抢滩信创蓝海
粤港澳大湾区数控应用发展现状及对策研究

待突破，产业集中度较低。机床核心零部件如数控系统、高端机床如五轴联动数控机床依然严重依赖进口。

随着我国经济转型升级不断推进，在追求经济水平高质量发展的过程中，中高端产品的需求随着时间推移逐渐增大，开始对低端的产品进行替换；同时，随着制造业对数控机床加工精度和稳定性等要求的提高，在国家政策、资金和信创环境的加持下，国产机床产业链将加大关键零部件及数控系统研发投入，工业供应链加快国产化替代，进而实现高国产化率。未来，客户定制化、自动化成套和普遍的换挡升级是中国机床市场结构升级发展方向，大力推动高端装备制造业逐步迈向产业链价值链的高端地位，包括：生产的产品从普通机床升级到数控机床、从低档数控机床升级到中高档数控机床，工业母机进一步向高端化、集成化、服务化、自主化等。

在政策、市场和资金加持的背景下，作为制造业大市，东莞装备制造业从研发设计、零部件生产、设备制造到运营服务均分布有较多企业，服务 34 个工业行业大类的 20 万户工业企业，发展"工业母机"产业具有强大的应用市场优势。依托制造业产业链完备、工业应用场景丰富、创新主体众多等优势，高端装备制造产业成为东莞第二大支柱产业，一大批如松山湖机器人及智能制造装备、麻涌新能源汽车及海工装备制造业等高端装备产业集群正在悄然崛起。

《东莞市发展高端装备制造战略性支柱产业集群行动计划》提出，东莞将实施高端数控机床重点工程，培育特种装备及零部件"专精特新"企业，推动核心零部件国产化，进一步利用国内市场培育自主品牌及产业生态主导型企业，促进高端装备制造业向产业链价值链的高端迈进。业内专家表示，东莞应该以东部工业园区、银瓶合作创新区、临深片区为智能装备制造业重要基地，加大对数控机床的创新研发力度，推动数控机床及关键功能部件、关键零部件等领域技术协同攻关，完成精密数控磨床、超精密数

第 2 章 信创赋能产业变革
粤港澳大湾区数控机床领域概况

控金属切割机床等高端数控机床整机及关键零部件研发制造，提高现有数控机床的精度、能效和柔性自动化工艺水平。

东莞 2022 年前三季度经济状况如表 2-9 所示。

表 2-9 东莞 2022 年前三季度经济状况

类 别	增长率		合 计
农业生产	（分领域） 1. 农业产值：+31.73 亿元，+4.2% 2. 林业产值：+0.65 亿元，增长近 3 倍 3. 牧业产值：+0.83 亿元，+50.1% 4. 渔业产值：+8.25 亿元，+2.1%	（产量） 1. 全市畜禽肉：+7.4% 2. 渔业水产品：+3.2% 3. 蔬菜及食用菌：-0.6%。	全市农林牧渔业：+42.76 亿元，+5.1%
工业生产	（分产业） 五大支柱产业：2581.32 亿元，+1.3% 1. 纺织服装鞋帽制造业：+1.6% 2. 电气机械及设备制造业：+3.2% 3. 电子信息制造业：+0.7%	（分产品产量） 1. 工业仪表：+210.4% 2. 充电桩：+58.7% 3. 智能手表：+56.9%	全市规模以上工业：3911.42 亿元，+1.1% （四个特色产业：+356.36 亿元，+3.3%）
先进制造业（固定资产投资）	（分领域） 1. 工业投资：+10.6% 2. 高技术产业投资：+14.4% 3. 先进制造业投资增长：+12.2%	（分行业） 1. 制造业：+11.8% 2. 基础设施：+1.4% 3. 房地产开发：-4.4% 4. 电子及通信设备制造业：+14.6% 5. 医药制造业：+97.2% 6. 计算机及办公设备制造业：+5.0% 7. 装备制造业：+11.1%	全市固定资产投资：+4.2%
消费	（单位商品类型） 1. 家用电器和音像器材类：+23.3% 2. 化妆品类：+22.7% 3. 文化办公类：+11.2%	（基本生活及药品类） 1. 日用品类：+3.1% 2. 中西药品类：+19.9% 3. 汽车类：+23.1% 4. 通信器材类：+54.3%	3124.03 亿元 +1.3%
进出口	进口：-16.2%	出口：+7.4%	9536.6 亿元 -1.8%
金融机构本外币	存款余额（23083.88）：+16.2%	贷款余额（16677.71 亿元）：+13.7%	/
消费价格	1. 交通和通信类：+8.2% 2. 居住类：+1.6% 3. 其他用品和服务类：+3.8% 4. 教育文化和娱乐类：+1.5% 5. 生活用品及服务类：+1.7% 6. 食品烟酒类：+2.4% 7. 医疗保健类：-0.1% 8. 衣着类：-1.6%		+2.7%
产值	1. 生产总值：+8001.18 亿元，+1.9% 2. 第一产业：+27.29 亿元，+4.4% 3. 第二产业：+4631.86 亿元，+2.5% 4. 第三产业：+3342.03 亿元，+0.9%		

数据来源：广东省统计局数据

7．中山

根据广东省统计局数据，2021 年中山市地区生产总值为 3566.17 亿元，同比增长 8.2%，两年平均增长 4.8%。根据 2021 年全国城市生产总值排名信息，中山市排名第 81 位。

根据《中山市优先发展产业目录（2019 年版）》，参照广东省优先发展产业的通知，结合中山市产业发展规划和定位，主要框架内容包括新一代信息技术产业、健康医药产业、高端装备制造产业三方面。

新一代信息技术产业主要包括：新一代通信网络、集成电路、新型显示、激光器件、新型材料及器件、物联网、4K 电视网络、工业软件、云计算、大数据、区块链等。

健康医药产业主要包括：生物制药、化学药、现代中药、医疗器械、生物健康制品、基因检测、智慧健康特色产业、公共服务支撑平台等。

高端装备制造产业主要包括：机器人、人工智能、高档数控机床、智能物流与仓储装备、智能制造系统集成、激光装备、光电装备、风电装备、太阳能装备、影像诊断装备、治疗与康复装备、制药专用装备、先进环保装备、高效节能装备、资源循环利用装备、高端船舶制造、海洋工程装备、高端消费型海洋工程装备、新型海洋化学资源开发设备、高端电梯及登机桥、旅游装备、新能源汽车及关键部件、工业母机等。

近年来，装备制造业对工业经济发展的贡献不断增强。2017 年，中山市全市实现装备制造业增加值 385.62 亿元，增长 8.3%；装备制造业完成投资 145.88 亿元，增长 0.3%，成为中山市强势崛起的支柱产业、工业转型升级的重要引擎。总的来说，中山市处于粤港澳大湾区集合中心地带，发挥着"东承西接"的重要作用。

目前，粤港澳大湾区正在快速发展中，在世界范围内，产业集中、结构优化、多地加强交流与合作三个特点越来越突出，对一个地区的发展十分重要。粤、港、澳三地在大湾区中的定位不一样，需要发挥的作用也不尽相同，中山市作为大湾区的主要成员，应该更加主动与广州、深圳、香港这些大湾区中心城市进行产业交流，具体体现在规划、交通和产业等方面，做到积极主动，对接广深港澳科技走廊，打造重大创新平台，加强与大湾区其余成员的创新合作，共同建设粤港澳大湾区。

8．江门

2022 年 1～10 月，由江门市统计局公布的数据可细分为规模以上工业、固定资产投资、消费、进出口、金融和消费价格六方面详细阐述，如表 2-10 所示。

表 2-10　江门 2022 年 1～10 月经济状况

类别	增长率			合计
规上工业	（行业） 1. 制造业：+4.2% 2. 电力、热力、燃气及水生产和供应业：-1.4% 3. 采矿业：+10.3%	（经济类型） 1. 股份制企业：+6.9% 2. 外商及港澳台投资企业：-1.1%	（企业规模） 1. 大型企业：+7.0% 2. 中型企业：+0.4% 3. 小微型企业：+3.7%	1124.81 亿元 +3.6%
固定资产投资	1. 国有资产：+29.3% 2. 民间资产：-10.2%	（产业） 1. 第一产业投资：-22.1% 2. 第二产业投资：+17.5%（制造业投资：17.6%） 3. 第三产业投资：-9.3%		+0.8%
消费	（经营地） 1. 城镇：+3.0% 2. 乡村：+3.6%	（消费类型） 1. 商品零售：+3.2% 2. 餐饮收入：+2.4%		1100.87 亿元 +3.1%
进出口	进口（266.7 亿元）：+3.4%	出口（1206.7 亿元）：+1.9%		1473.4 亿元 +2.2%
金融机构本外币	存款余额（6509.56 亿元）：+13.7%	贷款余额（5423.60 亿元）：+9.9%		6509.56 亿元 +13.7%
消费价格	消费品价格：+2.9%	食品烟酒类：+0.8%		+2.2%
2022 年 1～10 月	1. 全市规模以上工业：+1124.81 亿元，+3.6% 2. 固定资产投资、消费、进出口、金融以及消费：+0.8%、+3.1%、+2.2%、+13.7%、+2.2%			

数据来源：广东省统计局数据

根据 2022 年 1～7 月的统计数据，江门市高技术产业投资占全部工业投资的 15.8%，同比增长 40.5%。这从侧面反映了江门市对于高技术产业投资正加大力度、重点培育，使得新旧动能转换得以提速。在工业大项目方面，江门市工业投资额前 20 名项目 1～7 月合计完成投资占全市工业投资的 16.8%，比去年同期增加 54.2 亿元，拉动了全市工业投资增长 12.5 个百

抢滩信创蓝海
粤港澳大湾区数控应用发展现状及对策研究

分点。

作为制造业主体的数控行业为江门的经济带来了新的活力。高端装备制造业被称为"国之重器",是决定我国在国际分工中的地位的关键因素,也是广东省重点布局江门发展的战略性新兴产业之一。

广东凯特精密机械有限公司(以下简称"凯特精机")已经成为国家级重点专精特新"小巨人"企业,见证了江门高端装备制造产业另一细分领域——数控机床的崛起。2013年,凯特精机牵头承担"高档数控机床与基础制造装备"国家科技重大专项课题,并于2016年成功研制出国内首创的滚动直线导轨副高性能零部件钳制器、阻尼器和自润滑器产品,填补了国内技术空白,技术达到世界先进水平。2022年,凯特精机被认定为国家级重点专精特新"小巨人"企业。

作为产业现代化发展的主要形态,战略性产业集群做大做强是提升工业整体竞争力的重要抓手。然而,江门培育发展战略性产业集群绝非"眉毛胡子一把抓",而是结合自身实际,找准切入口、发力点,关键在于强化重点产业链培育。

当前,江门正深入推进"工业振兴""园区再造"工程,优化完善"链长制",聚焦省战略性产业集群细分领域,紧盯行业风口、技术前沿,重点选取十多条产业链作为主导产业,落实"一链一策、一企一策",促进战略性产业集群加速崛起。此举是江门深入学习贯彻习近平总书记关于制造强国战略重要论述、系统落实省培育发展战略性产业集群工作部署的具体行动之一,是江门加快构建现代产业体系、推动制造业高质量发展的重要抓手。

坐落在蓬江区的广东科杰技术股份有限公司(以下简称"科杰")成立于2002年,已经成为我国高速数控雕铣机行业的龙头企业,是江门数控机床行业的代表之一,也见证了江门数控机床产业的发展。过去十年,江门大力推进先进装备制造业发展,重点培育高端装备制造等新兴产业,科杰

第 2 章　信创赋能产业变革
粤港澳大湾区数控机床领域概况

捕捉到手机盖板玻璃加工的市场潜力，并有针对性地进行研发生产，企业逐渐步入高速发展的黄金时期。科杰经过多年的积累，一举打破国外对数控机床产业的技术垄断，成为"高速数控雕铣机"国家标准起草单位。如今，科杰已发展成为年产值超 10 亿元的国家高新技术企业，成为行业内名副其实的"隐形冠军"。

恩平工业园大槐集聚区内，同样专注高、精、尖数控机床领域的广东艾普升智能装备有限公司（以下简称"艾普升"），于 2018 年到江门投资。多年来，艾普升在实现自身迅速发展壮大的同时，充分发挥其在行业内的影响力为江门"引流"，恩平工业园也依靠艾普升实施精准招商、以商引商，陆续引进博泰智能装备、百赞智能装备、绮力智能装备等一批数控机床产业上下游企业，产业集聚效应不断增强，实现了数控机床产业从无到有、从小到大的蝶变。

科杰和艾普升都是江门数控机床产业发展的见证者和参与者。2021 年，江门以数控机床、工业机器人、激光装备及智能专用装备等领域为代表的智能装备产业产值达到约 230 亿元。

目前，江门正以蓬江区、恩平市为重点发展区域，培育壮大骨干企业、"专精特新"企业，着力提升中高档数控机床发展水平，在数控机床这个千亿产业蓝海中竞速争先。这也让科杰和艾普升更加坚定了发展信心。科杰正积极布局进军新能源汽车产业，旨在利用自身技术优势，在新能源电池等关键零部件领域扩展发展空间；艾普升正依托恩平智能装备产业园，着力推动江门率先在珠三角地区打造产业高度集聚的数控机床产业集聚区，旨在实现"足不出江"造出中国领先的"工业母机"。

9. 肇庆

2021 年，肇庆市地区生产总值为 2649.99 亿元，同比增长 10.5%。其中，第一产业增加值为 458.46 亿元，同比增长 7.6%；第二产业增加值为 1101.48

抢滩信创蓝海
粤港澳大湾区数控应用发展现状及对策研究

亿元,同比增长 15.3%;第三产业增加值为 1090.04 亿元,同比增长 7.5%。

根据《肇庆市国民经济和社会发展第十四个五年规划和 2035 年远景目标纲要》,肇庆既处于快速发展、争先进位的黄金时期,又处于攻坚克难、爬坡过坎的关键阶段,产业尤其是工业发展已成为牵引肇庆工作全局的关键点和撬动肇庆高质量发展的支撑点。"十四五"时期,肇庆将聚焦"4+4"产业体系,加快打造新能源汽车及汽车零部件、金属加工等产值超千亿元产业集群,做精做强电子信息、建筑材料等产值超 500 亿元产业集群,加快培育家具制造、食品饮料、精细化工、生物医药等产值超 300 亿元产业集群。计划"十四五"期间,肇庆市规模以上工业增加值 5 年平均增长 11%。

近年,肇庆突出两个主攻方向,落实五项重点工作,推动制造业高质量发展。在新能源汽车产业领域,以整车制造为核心、关键零部件制造为支撑、协同创新为动力,推动新能源汽车全产业链发展。在先进装备制造业领域,以汽车零部件、智能制造设备、节能环保装备等为主攻方向,开展技改攻坚、提质增效,打造特色精品制造。

在推动制造业高质量发展方面,提出《关于加快全市工业数字化、网络化、智能化发展的行动计划(2019—2021 年)》,"加快推进传统动能向数字化、网络化、智能化转型,力争引导全市工业企业实施技术改造,并且加大信息化发展、暖企扶企惠企、工业企业上规模和绿色制造力度。"在推进粤港澳大湾区的产业共建方面,将探索产业对接合作机制,深化产业合作,促进交流对接,推动清洁生产合作。全力抓好珠西的产业带和园区开发两项建设,力争新能源汽车产业领域和先进装备制造业领域双双"开花结果",为肇庆数控机床企业集群打下坚实的基础。

据统计,近 5 年,肇庆注册资本超过 1000 万元的数控机床相关企业共计增加 47 家,注册资本在 500 万~1000 万元的企业共计 84 家,因此在数控领域仍然存在很大的发展空间。

在发展上，利用地理优势，肇庆应做好数控产业和信创产业的发展规划，与粤港澳大湾区其余城市协调发展。

10．香港

香港作为全球金融中心之一，是全球自由、服务业主导程度最高的地区之一。

2019年2月，《粤港澳大湾区发展规划纲要》正式印发，明确指出巩固和提升香港国际金融、航运、贸易中心和国际航空枢纽地位，强化全球离岸人民币业务枢纽地位、国际资产管理中心及风险管理中心功能，推动金融、商贸、物流、专业服务等向高端高增值方向发展，大力发展创新及科技事业，培育新兴产业，建设亚太区国际法律及争议解决服务中心，打造更具竞争力的国际大都会。

香港地区制造业向内地移动，随后迎来香港整体产业的大优化，特别是服务业及相关产业发展迅速，凡事有利必有弊，制造业本身能够提供大量的就业机会，随着制造业的北移，由此引发了香港地区经济与社会问题，如就业岗位的减少造成失业率上升、缺乏制造业导致各种产品均需购买从而造成对外依赖性加强、制造企业的税收减少又导致政府财政收入减少。特别在当今的世界环境当中，逆全球化浪潮兴起，制造业显得尤为重要，香港需要制造业的回归，但目前低端产业并未给香港带来实质性的提升。随着全球信息化、数字化新技术的飞速发展，特别是以高新技术为核心的国际竞争愈演愈烈，香港制造业的发展方向必然朝着高科技制造业转移，这是香港经济实现持续繁荣的重要途径。

香港雄厚的科研基础可与内地企业和高校进行深度合作，发挥其主要优势，充分利用中国的"世界工厂"和粤港澳大湾区的产业优势，同时融合自身信息、市场和科研实力的优势，才能在数控机床和其余高科技制造业领域拔得头筹，占据发展的根，取得在制造业领域的优势。

总之，香港应扎实在数控行业做好基础研究，为粤港澳大湾区的其余城市提供学术研究帮助。

11．澳门

2021年3月，《中华人民共和国国民经济和社会发展第十四个五年规划和2035年远景目标纲要》明确提出，支持澳门丰富世界旅游休闲中心内涵，支持粤澳合作共建横琴，扩展中国与葡语国家商贸合作服务平台功能，打造以中华文化为主流、多元文化共存的交流合作基地，支持澳门发展中医药研发制造、特色金融、高新技术和会展商贸等产业，促进经济适度多元发展。

同香港一样，澳门仍然可以利用本身的科研实力与内地的企业和高校等平台紧密合作，集中发展高科技制造业。在有限的资源下，在国家支持下，澳门自身的科技创新可从无到有，而粤港澳大湾区作为国家发展重点战略，更有利于澳门集聚智慧和各类科技创新资源。

Chapter 3

第 3 章
信创赋能产业重塑
粤港澳大湾区数控产业集群分析

3.1 SWOT 和 PEST 分析法

3.1.1 基本概念

强弱危机（Strengths Weaknesses Opportunities Threats，SWOT）分析是一种企业竞争态势分析方法，又称为优劣分析法或道斯矩阵。

19 世纪 80 年代，美国肯尼斯·安德鲁斯教授在他的著作《公司战略概念》(*The Concept of Business Strategy*) 中初次提出了 SWOT 分析法，其精髓在于四要素，即 Strengths（优势）、Weaknesses（劣势）、Opportunities（机会）、Threats（威胁）。SWOT 分析法通过考察和分析组织内部的优势与劣势、外部的机会与威胁，随后建立矩阵，通过系统分析，

抢滩信创蓝海
粤港澳大湾区数控应用发展现状及对策研究

将各类企业战略进行排列组合，从中择优，优秀的战略将成为企业未来发展计划中不可或缺的一环。SWOT 分析模型如图 3-1 所示。

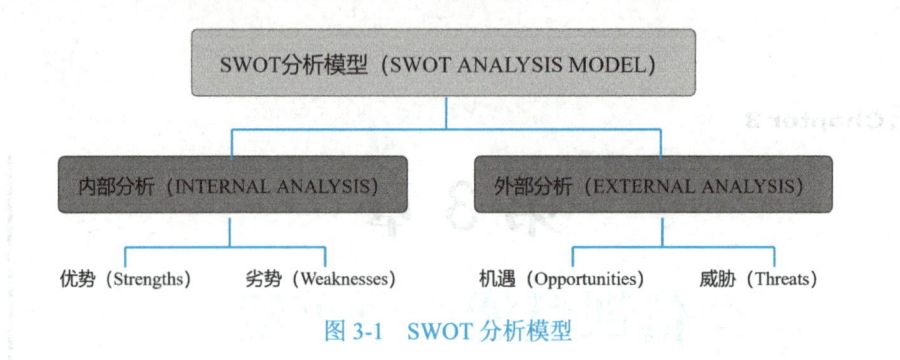

图 3-1 SWOT 分析模型

PEST（Politics Economy Society Technology）分析法是一种以研究对象所处的宏观环境为主进行分析的模型，精华在于其四要素，即 P 是政治（Politics）、E 是经济（Economy）、S 是社会（Society）、T 是技术（Technology），通过深入剖析外部环境，从全局上把握宏观环境，其中评价因素扮演着至关重要的角色，如图 3-2 所示。

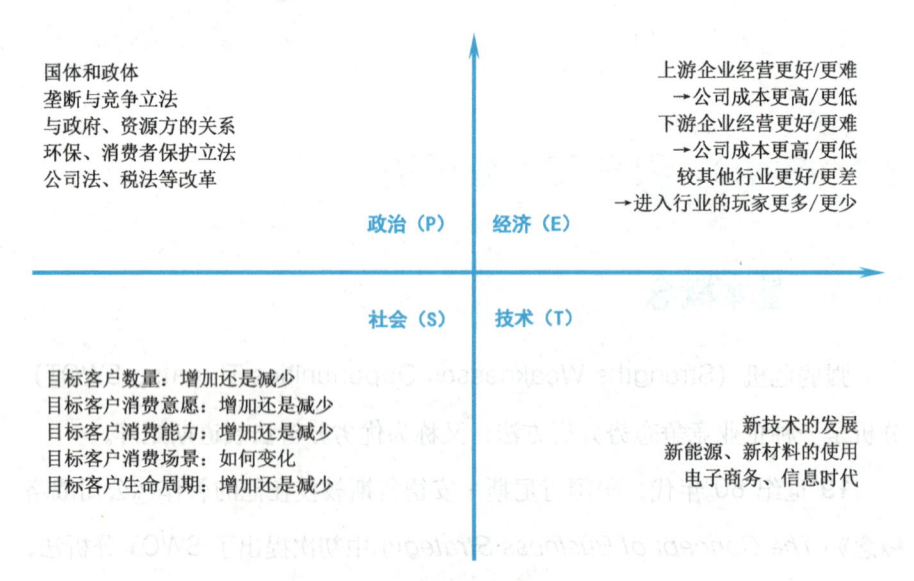

图 3-2 PEST 分析模型

SWOT 侧重于内部微观环境的分析，而 PEST 侧重于外部宏观环境的分析。

3.1.2 特点

SWOT 分析法用于是一种企业内部分析方法，即根据企业条件进行分析。PEST 分析法为宏观环境分析提供了基本框架，宏观环境主要包含一系列影响着企业战略规划和经营管理的外部要素。

不同领域的学者对此持不同观点，如竞争战略专家迈克尔·波特提出将产业结构作为切入点，深度分析和明确企业有待进一步聚焦的战略方向；反过来，能力学派管理学学者则主张注重分析公司的资源与能力，进而利用价值链解构企业的价值创造。

SWOT 分析是两种分析的结合，一是以资源学派（20 世纪 80 年代中期管理学界权威关注的研究方向）为代表的公司内部分析，二是以能力学派（早期战略研究的中心主题）为代表的企业竞争环境的外部分析，其中代表人物为 Andrews 和 Michael Porter，共同形成了独特的结构平衡分析体系。相较于其他分析方法，SWOT 分析最初就具有结构性和系统性的特点。从结构化而言，SWOT 分析形成 SWOT 结构矩阵，并赋予矩阵的每个领域的意义。从内容而言，其主要理论基础是从结构分析的角度对企业的外部环境和内部资源进行剖析。

PEST 分析法侧重于政治、经济、社会、技术四方面，旨在全面把握宏观环境的现状和变化趋势，有助于企业对生存发展的机会充分利用，规避环境带来的威胁并及时避开。其中，对于政治因素的分析主要围绕一个国家或区域的某几方面，如政治制度、体制、法律法规等，引导企业在经营过程中采取措施，特别对于长期投资行为有着较大影响；对于经济因素的分析主要是指在制定战略过程中企业须考虑的国内外经济条件、宏观经济政策、经济发展水平等多种因素；每个国家（或地区）都有独特的历史沉淀的文化底蕴，在社会因素方面主要考虑身处于这个社会的每位成员天生的习俗、宗教信仰以及民族、文化传统等因素，以此支撑企业发展社会因素模块；对于技术因素的分析，主要是指企业业务涉及的国家（或地区）的技术水平、技术政策、新产品开发能力和技术发展的动态等。

3.1.3 分析模型

1. 优势与劣势分析

当分析优劣势时，企业的整体发展和竞争优势来源的广度，产品是否新颖，制造工艺是否复杂，销售渠道是否通畅，价格是否具有竞争力，等等，均有必要在整个价值链的各阶段进行详细的比较。当企业具备其所处行业应具备的成功关键要素时，一般认为，企业的综合竞争优势更强。特别指出，一个成熟的企业应该深知，发展核心在于用户，其产品优势也是由潜在核心——潜在用户角度所体现，而并非企业本身。

2. 机遇与威胁分析

当处于机遇与威胁共存时，要敏锐地分清当前所遇到的人或事对于整体发展而言是有利有弊，做到头脑清醒去化险为夷，尽量避免不必要的威胁，或抓住将威胁转化为可以自身发展的机会。例如，盗版替代品限制了公司产品的最高价格。"替代品"是双面，一面是对公司的威胁，另一面也许夹杂着部分机遇。对此情形，有必要分析这种替代方案是否会导致公司的产品或服务亏损或倒闭，或者是否会提供更高的利润和价值，又或是消费者转而购买非正品的转移成本；为了降低消费者购买盗版替代品的风险，公司可以做些什么来降低成本和增加附加值。

3. 政治环境分析

通过政治环境分析，提前识别潜在的经营风险，可以发现新的经营机会。企业家常常将此类机会或风险作为判断趋势的依据，分析政治环境所发现的机遇，大部分会参考它当成定性的结论根据，因为对于此类数据进行建模与量化分析存在较大难度。当政治制度与体制、政府对组织所经营业务的态度发生变化，以及政府发布了对企业经营具有约束力的法律、法规时，企业的经营战略须随之做出调整。处于竞争中的企业也需仔细研究有关政府和商业的政策和思路。

4．经济环境分析

通过经济环境分析，数据的准确性和全面性非常关键。GDP的变化发展趋势、失业率、居民可支配收入水平等是构成经济环境的关键要素。企业是处于宏观大环境中的微观个体，经济环境在自身战略发展中起着决定性作用。在进行经济环境分析的过程中，我们需要查找具有权威的报告和统计数字，避免查看知识含量少的文章、拖延时间。在保持数据准确的同时，学习利用统计学知识，并对其采用建模分析。在经济全球化的今天，国家（或地区）之间的经济相互依赖，在国家战略决策过程中，企业务必对本国及其他国家（或地区）的经济状况进行监测、预测和评估。

5．社会环境分析

社会环境的变化常常是从量变到质变的长期演化过程，所谓"冰冻三尺，非一日之寒"。对于社会环境的分析和评估要紧紧追随其变化，重点在于观察周围细微事物，去发现"苗头"，预判往后发展方向，及时做好评估结果分析，也要及时识别外部机会和威胁，并做好应对措施工作。构成社会环境的要素包括人口规模、收入分布、人口流动性等。每个社会都有其必须遵循的核心价值观体系，这些价值观和文化传统是历史的沉淀，具有高度的持续性和稳定性。

6．技术环境分析

对于技术环境的分析评估，不仅对于一个行业、国家发展具有助力作用，也在一定程度上对人民的生活方式具有改变作用，也改变着我们的文化。评估技术因素，主要从以下两方面进行展开：一方面是技术发明、传播、更新的速度以及商业化速度和发展趋势，另一方面是国家重点支持项目，国家投入的研发费用、专利数量等。在技术产业化的过程中，尤其是在尚未形成稳定成熟的商业模式的阶段，应当给予紧密关注，如果必要，企业可以在内部设立相关的研发课题或项目，以确保跟上技术的步伐。

7．整体分析

SWOT 整体分析及对应策略如图 3-3 所示。SWOT 分为两种：一种是用来分析企业内部条件的优势与劣势分析（SW）；另一种是用来分析企业外部条件的机遇与威胁分析（OT）。依据企业竞争战略的完整概念，战略应是一个企业"能够做的"（组织的优势和劣势）和"可能做的"（环境的机会和威胁）之间的有机组合。

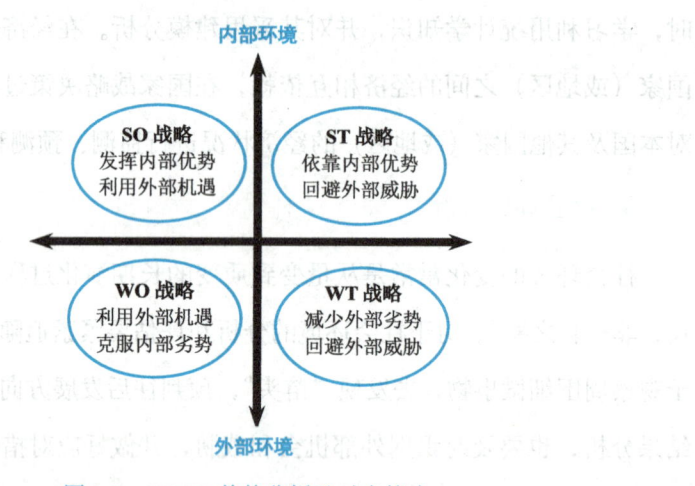

图 3-3 SWOT 整体分析及对应策略

借此方式，企业发展过程中能发现什么是对自身有利的、值得发扬的，什么是对其不利的，应该加以避免。这个过程有助于企业抓住问题点，找到解决方案，并明确未来的发展方向。在 SWOT 分析中，需要将必须尽快解决的事情、需要等待的事情、战略目标和战术问题像矩阵一样排列，并按照优先顺序进行分类。通过用系统分析的思维方式，将各种原因的相互匹配和分析，最终得出结论。

PEST 整体分析如图 3-4 所示，以企业为核心，根据企业自身特点与经营方式进行剖析，不同企业类型分析的具体内容会有一定的差异，但一般取决于政治（Politics）、经济（Economy）、社会（Society）、技术（Technology）这四大类影响企业的主要外部环境因素。

在实际应用中，PEST 分析较为简易，可以通过头脑风暴完成，一般应用领域为公司战略规划、市场规划、产品经营发展等方面。若要成功应用采用 PEST 分析法，不仅需要对所研究分析的企业有着深刻认识，还需要掌握大量充分的研究材料。通常，PEST 分析涉及考虑一般需围绕经济、政治、社会和技术四个要素进行考虑。

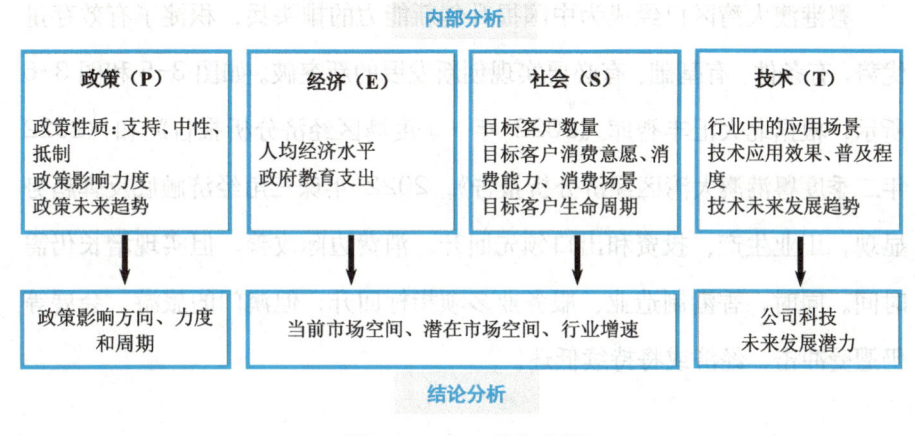

内部分析

政策（P）	经济（E）	社会（S）	技术（T）
政策性质：支持、中性、抵制 政策影响力度 政策未来趋势	人均经济水平 政府教育支出	目标客户数量 目标客户消费意愿、消费能力、消费场景 目标客户生命周期	行业中的应用场景 技术应用效果、普及程度 技术未来发展趋势
政策影响方向、力度和周期	当前市场空间、潜在市场空间、行业增速		公司科技未来发展潜力

结论分析

图 3-4 PEST 整体分析

3.2 信创赋能粤港澳大湾区数控产业集群实施现状 SWOT 剖析

3.2.1 粤港澳大湾区数控产业集群战略剖析

1．优势与劣势分析

（1）优势：区位优势明显，经济实力雄厚

抢滩信创蓝海
粤港澳大湾区数控应用发展现状及对策研究

粤港澳大湾区由"9+2"城市群构成，即珠三角九市城市群及港澳两地，主要体现为范围广阔、人口众多、经济总量大三大特征，是我国参与全球竞争和建设世界级城市群的重要空间载体。自从改革开放以来，粤港澳大湾区之间的合作交流不断深化，经济实力飞速发展，区域竞争力有了一定的增强，更加充满活力，如今粤港澳大湾区已经具备建成国际湾区城市群的基础条件。粤港澳大湾区引领中国经济的发展，一直保持高速增长态势，其GDP经济增速高于纽约、旧金山和东京湾区，而且在面积、人口和外贸总额方面已远超纽约、旧金山和东京湾区，经济总量上仅次于东京湾区。

粤港澳大湾区已经成为中国提升创新能力的排头兵，积淀了有效存量优势，有条件、有基础、有必要实现创新发展的新突破。如图3-5和图3-6所示，根据北大汇丰智库《2022年一季度湾区经济分析报告》和《2022年二季度粤港澳大湾区经济分析报告》，2022年珠三角经济触底反弹趋势显现，工业生产、投资和出口领先回升，消费边际改善，但实现增长仍需时间。同时，香港制造业、服务业多项指标回升，但澳门的旅游、会展等仍遭受冲击，经济或将持续低迷。

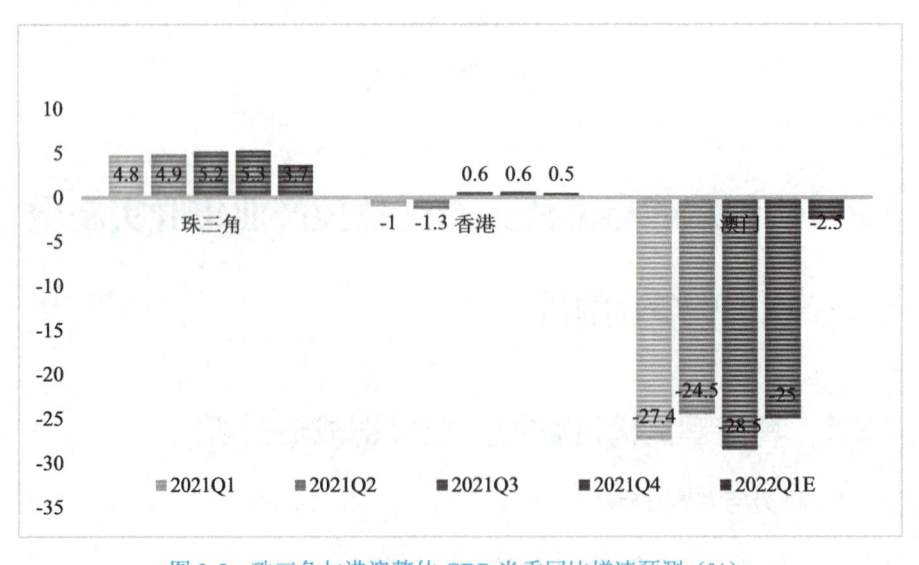

图3-5 珠三角与港澳整体GDP当季同比增速预测（%）

第3章 信创赋能产业重塑
粤港澳大湾区数控产业集群分析

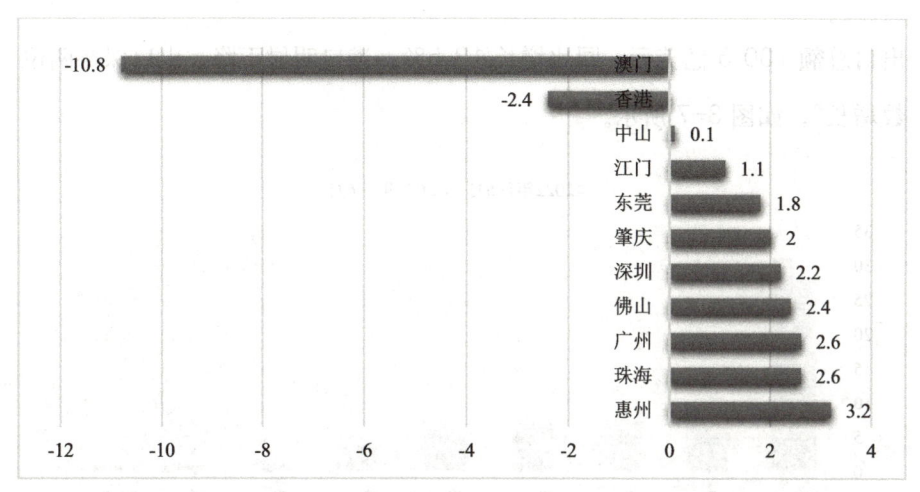

图 3-6 粤港澳大湾区城市群 GDP 累计同比增速预测（%）
（数据来源：各城市统计局，北大汇丰智库）

2022 年 4 月，中国发展研究基金会发布的《中国城市群一体化报告》指出，加入香港、澳门后的粤港澳大湾区，其城市群一体化指数得分高于珠三角城市群，显示出粤港澳大湾区强强联合后"1+2>3"的效果。

(2) 优势：产业规模实力领先、产业链黏度强

中国共产党十九届五中全会提出"双循环格局要以国内大循环为主体"的重大战略目标，根据全球产业链重组的趋势，提出运用"锻长板"思想，集中资源培育和发展优势支柱性产业。数控机床和基础制造装备是装备制造业的"工业母机"，衡量其装备制造业发展水平取决于一个国家的机床行业技术水平和产品质量。数控机床产业发展具有强大的应用市场优势，当前我国已是世界最大的机床产销国，据中国机床工具工业协会统计调查："截至 2022 年上半年 (1~6 月)，重点联系企业利润总额同比增长 38.8%。其中，金属切削机床分行业同比增长 28.1%，金属成形机床分行业同比增长 60.6%，工量具分行业同比下降 9.3%，磨料磨具分行业同比增长 92.7%。根据中国海关数据，2022 年 1~6 月机床工具行业进出口总额 163.8 亿美元,同比增长 3.5%。其中进口总额 63.3 亿美元,同比下降 9.1%;

抢滩信创蓝海
粤港澳大湾区数控应用发展现状及对策研究

出口总额100.5亿美元，同比增长13.5%；进口明显下降，出口保持两位数增长"，如图3-7所示。

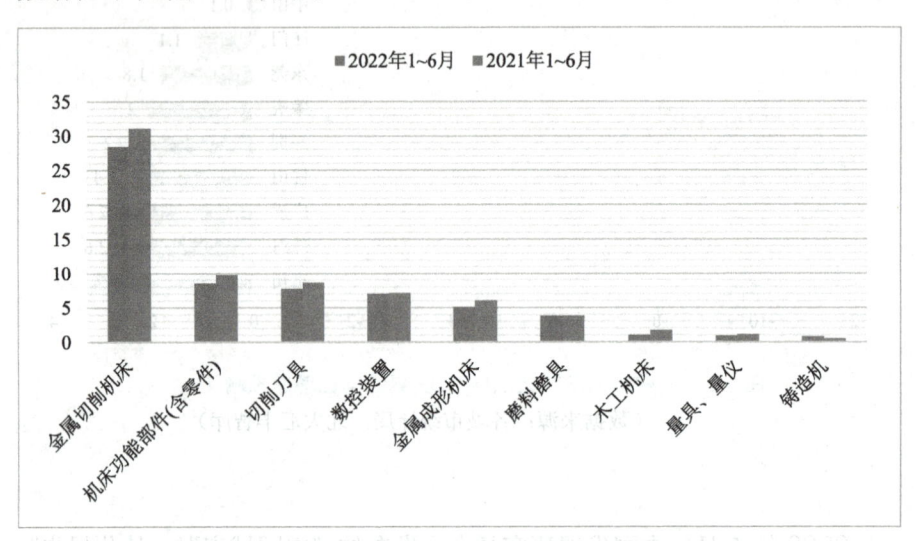

图 3-7 机床工具产品累计进口情况（亿美元）
（资料来源：中国机床工具工业协会）

近年，下游产业的持续升级发展，对机床要求标准越来越高，如在加工精度和精度稳定性等方面，表现为中高端产品的需求日益凸显，更新升级需求大，预计未来中高端市场份额将进一步增加。粤港澳大湾区作为制造业转型的前沿阵地，数控机床领域产业升级步伐相对比内地更快，其机床产业发展一直引领全国，有着全国最大的数控系统厂家、数量巨大的专业数控机床生产厂家和最前沿用户需求。

随着我国经济恢复能力在不断增强，机床工具行业正在逐步企稳回升。大湾区数控产业有着产业链黏度强，"需求侧"驱动发展态势明显的特征，到目前，数控机床产业已初步从上游原材料到整机应用，从研发、设计到生产形成完整的数控机床产业链，市场化程度高、原动力较强，主要呈现出以下游市场应用为导向驱动的发展格局，进而带动电子信息、家电、汽车、纺织等支柱产业发展。中国机床工具工业协会重点联系企业统计数据显示，2022年1~8月，行业整体运行趋势呈低位回升，重回正增长区间。

第3章 信创赋能产业重塑
粤港澳大湾区数控产业集群分析

从1~8月数据来看，较1~7月增幅回落1.2个百分点，其中重点联系企业营业收入、利润总额同比增长分别为0.4%、32.2%。与此同时，金属加工机床新增订单与上个月比较加深0.3个百分点，同比下降6.2%，在手订单同比增长3.3%，回落2.6个百分点。

(3) 优势：天然良港，陆上交通便捷

粤港澳大湾区拥有着三个国际枢纽港口，即香港港、广州港和深圳港。香港港和广州港（南沙港区，世界第五大港口）是全球第二大国际航运中心，广州南沙航运保险要素交易平台成为国内首个线上航运保险平台，具备世界港口群发展条件。目前，拥有四个国际机场和三个区域性机场的粤港澳大湾区已基本具备建成国际一流湾区的基础设施条件，并已成为全球港口布局最密、航运班次最多的区域之一。这也意味着现代交通网络体系的逐步形成。

粤港澳大湾区拥有不经过人工建设就可以停靠船舶的优良港湾，即天然良港。港口已成为地方经济发展的关键之一，衡量是否为天然良港的因素有良好的避风条件且水域面积大、港口到腹地天然交通条件好、腹地广阔、人口密集、经济发达等条件。长期以来，粤港澳大湾区巩固着"一带一路"桥头堡的地位，有着多个渠道共同运营的物流优势，具有发达的海陆空交通物流网络，铁路、高速公路网络特征分别表现为密集与放射状分布。正是因为拥有港珠澳大桥、广深港高铁，使得香港、珠海、澳门三地间的时空距离大大缩短，生活于三地的居民出行用时也大为减少，加深了香港、澳门与内地的连接。在珠江口东西两岸中将建设12条公路和铁路跨江通道，规划进出广东省的高速公路共计33条。

(4) 优势：资源互补互通，产业体系完善

粤港澳大湾区建设是"一个国家、两种制度、三个关税区、三种货币"之下的湾区建设，是世界上前所未有的。由于金融基础存在显著差异，实现金融要素的充分流通目前仍是一个亟待解决的问题，尽管如此，各区域

抢滩信创蓝海
粤港澳大湾区数控应用发展现状及对策研究

合作的潜力仍然广阔，这也正是大湾区的特色所在。目前来看，粤港澳大湾区的各城市发展计划中都已经落定好了各自未来的前进方向，如在金融需求方面都有着具体的规划和应对金融方面难题的方式。正是由于资源丰富、多元金融环境，该区域内各产业结构的级次与梯度呈现趋紧的现象。凭借粤港澳大湾区独特的差异性及其在体系制度上的优势，现代产业可以多模式、多层次、多领域发展，有利于为金融体系提供更多机遇，促进金融与产业对接，促进区域金融产业集群协同发展，形成综合竞争力。在区域金融产业集群合作互补的背景下，粤港澳大湾区是有望辐射东南亚、服务"一带一路"的湾区金融核心圈，并且有效带动经济"双循环"新发展格局的形成和良性运转。

大湾区产业结构不断优化，新旧动能转换速度加快，深珠惠莞高技术制造业发展迅速，已初步形成规模庞大、结构完整的产业体系。现形成通信电子信息产业、新能源汽车产业、无人机产业、石油化工等产业集群，是中国建设世界级城市群和参与全球竞争的重要空间载体。粤港澳大湾区"9+2"产业布局优势互补，电子信息与先进制造自动化构成了粤港澳大湾区内的强势产业，如表3-1所示。

表3-1 粤港澳大湾区11所城市产业布局现状

城 市	产业布局
广州	石化产业、汽车及电子产品制造业等产业
惠州	电子信息、汽车及现代服务业等产业
东莞	电子信息、电气机械、纺织服装、食品饮料等产业
深圳	电子信息、生物医药、新能源等产业
珠海	电子信息、家电、精密机械制造等产业
江门	交通及海洋装备、包装印刷机及纸制品、电子信息等产业
肇庆	金属加工、电子信息、林产化工等产业
佛山	机械设备、家电、陶瓷等产业
中山	电子电器、五金家电、灯饰光源等产业
香港	贸易及物流业、金融服务业、旅游业等产业
澳门	建筑地产、金融服务、出口加工等产业

第 3 章　信创赋能产业重塑
粤港澳大湾区数控产业集群分析

在区域层面，广东省作为全国改革开放的先行区，经济发展有着重要引擎作用。它已成为科技、产业创新中心、先进制造业和现代服务业的重要基地，而作为巩固和提升国际金融、航运、贸易三大中心地位的香港和澳门有着推动专业服务和创新科技事业发展、建设世界旅游休闲中心、强化国际资产管理中心的功能，立志于打造以弘扬中华文化为主流、多元文化共存的交流合作基地。

(5) 劣势：国内关键技术受制于人，差距导致竞争力不强

数控产业的发展存在着阻碍，其发展问题大多体现于同一性，也就是国内的技术进步速度远小于国外的进步速度，常常是老的差距刚补上，新的差距又产生了。目前，数控机床产业主要面临三方面的挑战，即供应链存在断供危险、工业软件存在"卡脖子"风险、网络安全问题。

数控机床产业供应链存在断供危险（芯片）。高档数控机床的产值约占机床产值的 10%，国产高端数控机床在国内市场的占有率只有 5%左右，特别是高精度数控机床、机床主轴、对刀仪器等整机和关键零部件方面完全依靠国外对国内的输入。

数控机床中使用的工业软件存在"卡脖子"风险（工业软件）。由表 3-2 可知，数控机床中使用的传统的复杂设计类软件、仿真模拟类软件和流体计算类软件等关键软件几乎全部采购国外产品，在管理软件方面大多基于国外 ERP 等基础平台做二次开发，自主可控程度较低。

数控机床存在网络安全问题。根据 Gartner 2021 年产业分析报告，其属于网络空间安全的重点领域，并主要聚焦于数据安全、应用安全、云安全等方面。由于独立封闭的数控生产网络接入企业管理网和互联网后，信息安全风险将增加，进而占据主导地位的进口设备可能存在系统设计漏洞和预留后门问题。总体而言，当前高端制造业仍主要集中在发达国家（或地区），很多新技术、新工艺、新应用是从国外发源，国外系统在新市场开拓上占

抢滩信创蓝海
粤港澳大湾区数控应用发展现状及对策研究

先机。同时，国外数控系统发展多年，在很多细节方面比国产系统更具优势，有些技术我们只是解决了有无的问题，还没解决好用、易用的问题。

表 3-2 数控机床行业常用的工业软件

应用领域	名 称	用 途	国 家
板级EDA	Cadence OrCAD	电路原理图设计	美国
	Cadence Allegro	PCB设计	美国
	Cadence Pspice	模拟电路仿真	美国
	MentorGraphics	电路原理设计、PCB设计	美国
	PADS	电路原理图、PCB设计	美国
	Altium Designer	电路原理图、PCB设计	澳大利亚
	Synplify Pro	FPGA综合	美国
	ANSYS	电磁场设计和仿真	美国
	Tanner	IGBT版图设计	美国
机加CAM/板CAM	MasterCAM	CAM软件	美国
	UG（NX）	三维刀路生成仿真软件	美国
	sprutCAM	机器人编程	俄罗斯
	CAM350	PCB光绘文件处理	/
CAD	Solidworks	机床本体	美国
	Autodesk CAD	机床本体	/
MBSE	mathematic	矩阵公式计算	美国

（6）劣势：国内数控产业呈"三分天下"态势，市场占有率低

由图 3-8 可知，我国数控机床产业呈现"三分天下"的态势，海外领先品牌牢牢占据着高端市场，而中低端市场聚集着众多国内企业。

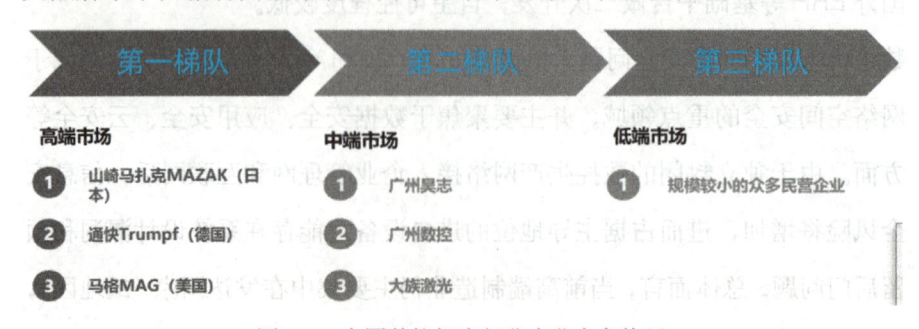

第一梯队	第二梯队	第三梯队
高端市场	**中端市场**	**低端市场**
① 山崎马扎克MAZAK（日本）	① 广州昊志	① 规模较小的众多民营企业
② 通快Trumpf（德国）	② 广州数控	
③ 马格MAG（美国）	③ 大族激光	

图 3-8 中国数控机床行业企业竞争格局

第3章 信创赋能产业重塑
粤港澳大湾区数控产业集群分析

国外领先企业技术实力雄厚，如山崎马扎克 MAZAK（日本）、通快 Trumpf（德国）、马格 MAG（美国），掌握着高端数控机床市场关键技术，产品附加值高，品牌运营能力强，已成为国内数控机床市场第一梯队企业。

我国广州昊志、广州数控、大族激光等在内的多家领先企业不断增加产业链关键技术研发投入，加快高端市场布局，产品及品牌实力稳步提升，是国内数控机床市场第二梯队企业，其他众多规模较小的民营企业竞争集中在低端市场，处于第三梯队。

国产数控系统市场占有率在逐年提高，但是长期被以德国西门子、日本发那科为代表的国外企业所垄断，国内产品大部分集中在普及型和经济型市场，中档尤其高档市场占有率非常低，不超过10%。因此，我国需要将国产数控技术水平的步伐加紧迈向国际先进水平，持续让国内科研人员对技术不断研发，促使其进步，开拓国际市场。近年来，虽然中高档国产数控系统取得了很大进步，但市场占有率尚未实现大幅提升，这主要归结为技术差距、用户习惯、品牌形象和价格因素等方面。

技术差距。国内主要问题在于与国外技术不能保持发展增速速率、新市场开拓方面处于劣势以及未处理好国产系统好用、易用的问题。

用户习惯。很多用户长期应用国外产品，已经形成习惯，国产数控系统要打开市场，就需要打通用户单位的决策、采购、设备、工艺及使用等环节，难度较大。

品牌形象。国产数控系统厂家普遍规模较小，宣传推广力度欠缺，知名度不高，产品、品牌均不被用户了解，还停留在多年前了解的信息看待国产数控系统。

价格因素。高档数控系统在所配套机床价值里的占比较小，很多设备甚至不到10%，加上高档设备需求量不大，导致客户没有动力去选择国产系统。

抢滩信创蓝海
粤港澳大湾区数控应用发展现状及对策研究

(7) 劣势：数字人才凝聚力较弱

粤港澳大湾区作为中国高度发达的地区，长期以来吸引着大量人才。但与国内其他一线城市和国际三大著名湾区（东京湾区、纽约湾区和旧金山湾区）相比，粤港澳大湾区在人才吸引和人才集中度方面仍有一定差距。根据欧洲工商管理学院（INSEAD）发布的2020年《全球城市人才竞争力指数报告》显示，深圳、广州作为粤港澳大湾区的主要核心城市，全球排名分别为第78位和第97位，落后于上海（第32位）、北京（第35位）、杭州（第67位）、南京（第75位）。香港、澳门、深圳、广州历来是人才高度集中的地区，而东西海岸人才集中度较低。整个区域人才的总体分布格局由中心向外围递减，中心城市人才聚集的辐射效应不明显，其他城市对于人才的吸引有待提高。

在人口受教育程度方面，根据2015年全国1%人口抽样调查数据，粤港澳大湾区受过高等教育的人口仅占常住人口的17.47%。旧金山湾区和纽约湾区拥有本科及以上学历的劳动力比例占全体劳动力分别为46%和42%，均远高于美国28%的平均水平。相较于旧金山湾区、纽约湾区、东京湾区的人才素质程度，在粤港澳大湾区的总人口中，高学历、高素质的人才所占比例较低。随着粤港澳大湾区的发展，人才需求量也逐渐增加。再者，不但粤港澳大湾区当前人口的受教育程度远滞后于其经济发展水平，而且人才对产业发展、科技成果转化、技术吸纳与输出的贡献支持相对不足。受经济发展方式转型、人口增长速度放缓、老龄化加重、人口红利逐渐衰减等因素的影响，在各地纷纷出台优惠政策激烈争夺人才的情况下，粤港澳大湾区如何提升其人才吸引力，如何能真正有效引进人才后留住人才，以及如何让引进的人才对城市的经济发展、科技创新、社会进步发挥最大的作用，是未来粤港澳大湾区能否成功的关键要素之一。

(8) 劣势：国产工业软件缺乏体系化

工业软件应用于工业领域，包含信息管理、研发设计和生产控制，核

第3章 信创赋能产业重塑
粤港澳大湾区数控产业集群分析

心作用在于帮助工业企业提质增效降本，增强企业在高端制造的竞争力。全球工业软件主要市场在美欧地区，国外大型企业已经形成坚固的竞争壁垒，企业通过大量并购加速拓展产品线，从研发设计、生产制造到运营管理的全产业链逐步形成供应闭环，构筑进入壁垒，加大了国内工业软件进入市场的难度；同时，用户路径依赖、转换成本巨大构成"锁定效应"壁垒，用户黏性较强。我国并未完整经历工业革命，导致工业管理流程、生产工艺多借鉴于国外成熟的一些做法。而国外工业软件伴随工业体系一同发展，其蕴含的工业知识更加贴切于工业生产实际，在可用性和先进性上大幅度领先于国内产品，甚至引领工业企业发展方向。

我国制造业主要存在大而不强、高端制造匮乏、行业利润水平低的问题，根据经典的微笑曲线理论可知，制造业附加值最高部分位于设计和销售两端，而处于中间环节的加工生产附加值最低。我国制造业在近十几年中尽管也有着长足发展，但存在国产工业软件缺乏体系化竞争问题，主要归结为以下三个方面的原因：

首先，国内对于工业软件和自身工业水平协调发展的重要性认识不够深入，使我们对标国外优秀企业的做法有出入，盲目对标与跟随国外顶级软件，忽略我国与欧美发达国家工业水平差距较大的客观事实，严重消耗经费和精力。

其次，国内软件开发商对国内工业企业"刚需"研究不够，脱离于用户实际需求，导致产品与用户需求的脱节。

最后，国内贯穿整个制造业过程的生态化部署较少，为用户提供整体解决方案的能力较弱，造成"生态效应"壁垒，如我国航空、电子等高端产业发展不足，对于高端软/硬件产业生态难以支撑。工业软件受产业制约，需要在产业的不断应用反馈中优化迭代，正是因为国内应用环境的缺失使得国产工业软件竞争劣势更加显著。

2．机会与威胁分析

(1) 机会：国家政策引领，机床产业数控化率提升

信创是一项国家战略，也是当前形势下国家经济发展的新动能。如今，我国已经实现"两个一百年"奋斗目标中的第一个百年，站在第二个百年奋斗目标的起跑线上，国内发展信创产业对于加速进行国产替代是一个极好的发展趋势，如表 3-3 所示。

表 3-3　2021 年以来数控机床行业相关政策

时　间	发布部门	政策名称	内　　容
2021 年 3 月	全国人大	《中华人民共和国国民经济和社会发展第十四个五年规划和 2035 年远景目标纲要》	推动高端数控机床等产业创新发展，加快关键技术创新应用
2021 年 12 月	工业和信息化部、国家发展和改革委员会等八部门	《"十四五"智能制造发展规划》	研发智能立/卧式五轴加工中心、车铣复合加工中心、高精度数控磨床等工业母机；研发微纳位移传感器、柔性触觉传感器、高分辨率视觉传感器、成分在线检测仪器、先进控制器、高精度伺服驱动系统、高性能高可靠减速器、可穿戴人机交互设备、工业现场定位设备、智能数控系统等
2022 年 4 月	工业互联网专项工作组办公室	《关于做好 2022 年工业质量提升和品牌建设工作的通知》	发布数控机床等工业互联网平台设备上的云标准

2021 年 3 月 13 日,《中华人民共和国国民经济和社会发展第十四个五年规划和二〇三五年远景目标纲要》提出，要强化国家战略科技力量，制定科技强国行动纲要，深入实施制造强国战略，并提出新要求：坚持自主可控、安全高效，推进产业基础高级化、产业链现代化，保持制造业比重基本稳定，增强制造业竞争优势，推动制造业高质量发展。科技创新成为"十四五"期间的核心产业政策主线，"关键核心技术重大突破"也是 2035 年远景目标。如图 3-9 所示，信创产业以信息技术为根基，通过科技创新构建国内生态体系是实现"十四五"规划发展目标的重要抓手。

2021 年，关于信创的各政策均不断落实，在 2021 年年末和 2022 年年初时，重大政策也多次出现关于基础软/硬件国产化内容要求的制定。

第3章 信创赋能产业重塑
粤港澳大湾区数控产业集群分析

2022年1月6日，国家发展和改革委员会发布《"十四五"推进国家政务信息化规划》，以政策的形式明确了党政信创的要求和节奏。

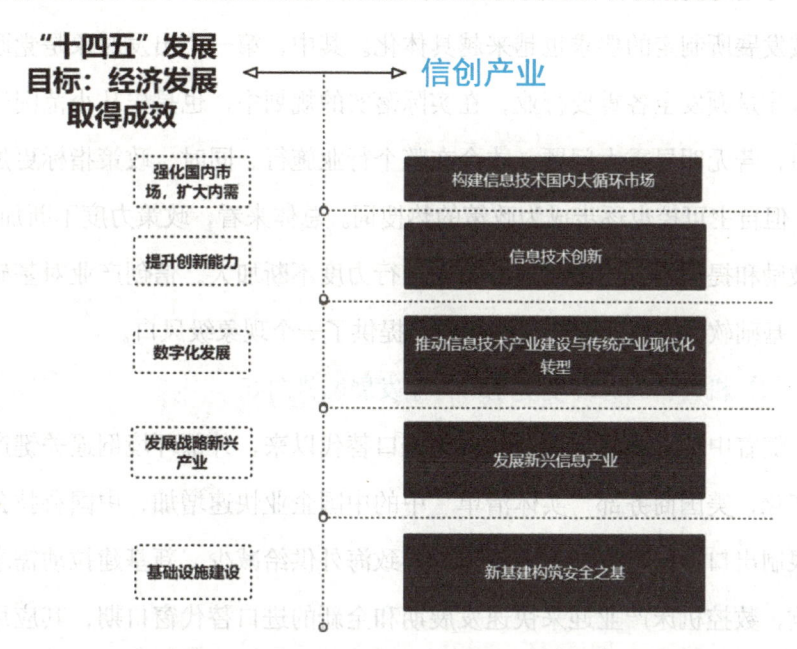

图3-9 信创产业与国家"十四五"规划关系

2022年4月，工业互联网专项工作组办公室发布《关于做好2022年工业质量提升和品牌建设工作的通知》，建设数控机床等工业互联网平台设备上的云标准，推动制造业向品质卓越、品牌卓著的方向发展，推进实现"制造强国"战略。

广东省内政策引领精准发力。2021年7月30日，《广东省制造业高质量"十四五"规划》（粤府〔2021〕53号）正式印发，提出高起点谋划发展战略性支柱产业、战略性新兴产业和未来产业，深入实施制造业高质量发展"六大工程"，其中强核工程点明推动产业基础高级化，加快关键技术攻关，充分发挥集中力量办大事的制度优势，实施关键核心技术攻关专项行动，加快发展工业软件、高端装备等产业关键核心技术；"十四五"时期，应保持十大战略性新兴产业营业收入年均增速10%以上，进一步加快部分重点领域在全球范围内实现换道超车、并跑领跑发展，提升广东省制造业整体竞争力。

抢滩信创蓝海
粤港澳大湾区数控应用发展现状及对策研究

随着国家和省内政策效应的稳步释放，我国机床数控化率正在稳步提升，行业规模快速扩大。随着相关政策的颁布，对于信创应用于重要行业、领域发展所制定的要求也越来越具体化。其中，第一个出发对象是党政，接着才是颁发至各重要行业，在实际落实的规划中，也是先从小范围进行试用，若无明显重大问题，才会在整个行业施行。同时，政策指标更加开放，但自主可控也逐步成为政策的热搜词。总体来看，政策力度不断加大，从鼓励和提倡到应当和必须，信创推行力度不断加大。信创产业对基础硬件、基础软件、信息安全这些行业也提供了一个现象级风口。

（2）机会：国际环境变化，行业发展态势向好

随着中美贸易战倒逼企业实施进口替代以来，外部环境倒逼关键产品国产化，美国商务部"实体清单"中的中国企业快速增加，中国科技公司被限制出口，同时叠加海外疫情，导致海外供给减少、新基建拉动需求等影响，数控机床产业迎来快速发展期和全新的进口替代窗口期，其应用市场环境持续好转，骨干企业增长迅猛。近年来，我国积极组织国家力量开展高档数控机床基础研究和应用基础研究。建有国家超精密机床工程技术研究中心、国家数控系统工程技术研究中心等6个国家工程技术研究中心，建有先进数控机床国家重点实验室等7个企业国家重点实验室，在重型机床、五轴数控机床、复合加工机床等高端领域取得了初步成果，并克服了可编程自动化控制系统的技术难点。

从国内来看，国际政治、经济、科技、文化、安全等格局正在发生加速演变，全球产业链和供应链亦在加快调整中。通俗地说，以往拉得比较长的全球产业链接下来可能缩短，用于分包给不同国家和企业的生产工序，逐步回归到跨国公司内部以及在跨国公司的可控范围内，即主流全球产业链可能变成全球产业集群，进而回归到一个或多个集群空间。与此同时，国家政策的扶持推动着行业的发展，明确提出要大力提高产业链和供应链的稳定性与竞争力，更加注重补短板和锻长板，在粤港澳大湾区建设若干

第 3 章 信创赋能产业重塑
粤港澳大湾区数控产业集群分析

世界先进产业集群。从这个意义上，作为我国新时代下面向世界的经济大平台和重大区域发展窗口，粤港澳大湾区在"十四五"时期乃至更长一段时期内的产业政策要更多考虑加大支持世界级先进产业集群的发展。

(3) 机会：人口虹吸效应

粤港澳大湾区人口吸引能力强盛，正成为各路人才一展身手的好地方。随着香港、澳门积极融入国家发展大局，各城市之间联系紧密，其资本、技术、人才等要素正处于加速融合的过程。国家统计局发布《第七次全国人口普查公报》数据显示，截至 2020 年年底，相比于 2010 年的第六次全国人口普查数据，粤港澳大湾区人口总数达 7856.17 万人，每年平均流入 223.38 万人，是我国最具有吸引人才、开放程度最高、经济活力最强的区域之一，也是国家建设世界级城市群与参与全球竞争的重大领域之一。

粤港澳大湾区凭借自身科技和产业优势，放眼全球引才，坚持聚天下英才而用之，正迎来新的人才高峰。据世界知识产权组织（WIPO）《2022 年全球创新指数（GII）报告》在全球"最佳科技集群"排名显示，位于中国的"深圳-香港-广州"榜蝉联世界第二大创新集群，这三个城市视为都市区单元，已经超过"圣何塞-旧金山"地区（美国硅谷）。在创新驱动发展战略引导下，湾区内各关键要素正加速流动，科技创新能力不断增强，重大科技创新项目也不断浮现。

(4) 威胁：区域融合障碍亟待突破

区域融合发展是指邻近区域之间经济社会的协调发展，其中包括要素自由流动、资源互惠、产业相补等。在经济学意义代表着不同行政区域需在市场和政府的共同推动下形成一个更大的经济区域过程，在这个范围扩大的区域内，商品可自由贸易、要素可自由流动、体制政策需一致，以及基本公共服务大致趋同等。在未来中国经济发展和对外开放方面，粤港澳大湾区建设发挥"领头羊"作用，便于推动和支撑香港与澳门融入国家大局的重要举措。数字经济的发展对于推动数控产业集群极为重要，但现阶

抢滩信创蓝海
粤港澳大湾区数控应用发展现状及对策研究

段在区域融合过程中仍存在一些亟待突破的障碍。比如，各城市内产业结构同质化和重复现象突出，城市间产业协同创新水平高低、跨城市专利合作水平均较低，尤其在人口规模、经济总量和基础设施建设方面存在着行政区域分割造成的资源配置效率问题、与区域内同质企业面临竞争问题等。同时，在粤港澳大湾区中依旧存在过去珠三角区域经济发展模式中出现的同质化竞争现象，在一定程度上造成了各城市之间联结度和融合度不高。此外，粤港澳大湾区发展涉及两种制度、三个关税区、三种法律，而如何在不同的制度框架下实现生产要素跨境流动、资源整体规划、整体发展与区域内各城市的协同发展等将是今后发展所面临的核心问题。同时，由于珠江入海口广阔海域的障碍，粤港澳大湾区东西两岸之间的交通不便且成本过高。

因此，粤港澳大湾区规划的提出不仅是一个经济发展的概念，更重要的是在经济共同发展的目标基础上进行区域整合，实现以创新经济为驱动、城市群协同发展的区域经济新模式。未来，在粤港澳大湾区的建设中，协调发展的突破重点在于推进合作体制和机制的创新，这都需要中央和地方政府发挥规划协调作用。在保证经贸合作和资源配置中的基础性作用下，更好地发挥政府组织作用，促进内地与香港、澳门的平等交流和友好协商，达成合作共识，凝聚发展合力，共同促进合作与发展。

(5) 威胁：信创"落地"问题

信创产业在中国兴起，势必会"洗牌"整个信息产业体系，重构技术规范（适应基础硬件、基础软件要求，信息安全要求），并由此带来信息产业市场的相应调整，其中必然会涌现新的商业机会，但同时会面临一部分挑战。信创工程涉及多个领域，如金融、电信、交通等国家基础设施，以及数字政府、智慧城市等领域的全面铺开，正在实现从"能用"到"好用"的突破。但其在不断发展过程中出现的新问题可以归纳为需求侧和供给侧两方面。在需求侧方面，主要围绕"意识"两个字，导致对于信创认识水

第3章　信创赋能产业重塑
粤港澳大湾区数控产业集群分析

平低、地方保护主义、懒政怠政行为严重等问题；在供给侧方面，信创企业主要存在软件与硬件的兼容适配、应用软件差异性、安全体系等问题，导致信创面临落地不易的瓶颈。

① 信创认识水平不高。在信创实施过程中，相比较于中央各部委和国家机关，部分地方政府和行业用户在政治领悟力和执行力方面存有不足，未能意识到中美科技战略竞争、网信产业链供应链安全以及实现中华民族伟大复兴的重要意义，依然固守传统做法，如把该地区行业的数字化市场转变成国外网信产品的集聚地、在市场需求巨大的行业数字化转型等数字化项目上没有规定信创产品的最低比重。

② 地方保护主义严重。"城市云""地方云"在全国各地兴起，各地政府只考虑将"云"的落地与招商引资直接挂钩，对于信创产品的应用比例和成熟度不加以考虑。类似这种方式，对于市场竞争的公平性有所破坏，对于信创产品在地方项目的落地也造成了较大不利的影响。

③ 懒政怠政行为严重。在升级或新建信息系统时，部分机构和地方对于信创的要求并未放在重要的考虑点，只是着重于系统的延续性和稳定性，造成原有国外产品和服务未被代替，反而以一种单一来源采购的方式，进一步强化了国外产品的垄断地位。

④ 市场培育周期问题。市场培育布局主要由体制内（政府、军队、国企）到部分重点行业布局（金融、电信等），再逐步推广到商用民用领域，但对于其中的布局周期，并未明确。

⑤ 信创软件与硬件的兼容适配问题。在信创应用迁移过程中，以往大多基于 Windows 开发的 C/S 应用和使用 IE 内核的 B/S 产品的浏览器存在着应用不兼容或兼容性不好的现象。同时，打印机、摄像头、U 盘、高拍仪等现有外设也存在因缺少 Linux 驱动而不能使用的现象。

⑥ 应用软件差异性问题。现有的各类 C/S、B/S 应用软件类似于 1999 年年底的"千年虫"，以平滑地嫁接到国产终端、操作系统、数据库上为检

抢滩信创蓝海
粤港澳大湾区数控应用发展现状及对策研究

验指标，其中如何衡量迁移代价，是有待解决的问题。

⑦ 安全体系问题，现有安全规范体系都比较理论化、政策化，难以在软件开发时找到一个统一的可量化的落实标准。

(6) 威胁：环境保护要求提高

随着"要金山银山，也要绿水青山"的呼声愈来愈高，制造业转型绿色制造乃大势所趋，对于数控产业也是如此。环保问题不仅要求在企业生产中需要考虑对环境的影响，还要求充分利用资源，降低不必要的损耗，实现可持续发展。绿色制造的趋势不可逆，机床作为工业母机，在积极响应环保号召的同时，也需要帮助下游制造企业推进绿色发展。

"绿色+智能"制造双翼齐振正成为热点和新风口，为提升绿色制造水平，智能制造的重要性日渐凸显。未来，环境保护和大气治理成为政府密切关注的方向，在环保方面提出了更为严格的要求和整治措施。《规划纲要》中也提出，要加强装备制造、汽车、石化、电子等产业的智能化发展，推动传统制造业绿色改造升级，开发绿色产品，打造绿色供应链。此外，需形成以节能环保技术研发和总部基地为核心的产业集群，悉心培育壮大新能源、节能环保、新能源汽车等战略性新兴产业。同样，"中国制造2025"实施智能制造、绿色制造等五大工程，明确了未来制造业发展方式——绿色智能转型。制造业实现转型，不仅是在追求其数字化、精益化、网络化三个特性，更要将"绿色化"融入，面向资源循环进行充分利用，使得绿色制造循环与集约节能两方面匹配。长远来看，这对于推进循环经济与绿色转型也具有叠加的效应。

(7) 威胁：外部网络威胁

近年来，我国频繁遭受网络攻击，对国家安全、企业生产和人民生活造成一定的影响。从以往主要威胁趋势情况来看，全球用户持续面临着勒索软件、软件供应链攻击、高危漏洞、钓鱼邮件的威胁。根据中国工业互联网产业联盟2021年发布的《中国工业互联网安全态势报告》：2020年内，广东省工业相关计算机病毒感染次数为 102.64 亿次，是全国受影响最严重的区域。在已收录的 804 个工控漏洞中，708 个涉及制造业，是存在漏洞最多的行业。

在工业互联网中，对于工业数据互联安全方面必须需要引起高度重视。在工业数据的完整生命周期过程中，诸如硬件故障、软件脆弱、网络拓扑结构等方面因素会引起工业数据一定的安全风险，尤其是当 SCADA、DCS、PLC 等系统存在软件脆弱性情形时，会出现可供攻击的诸多漏洞，一旦处理不当，将造成数据丢失问题。数据从产生到使用与产品的生命周期密切相关，加上数据信息种类繁多，且来源大多为多源异构的数据，将增大工业数据脱敏技术的难度。工业控制系统可以解决信息共享度低、信息可重用性差、相关产品知识积累等问题，但共享程度的提高和数据集中存储，也存在一定的安全问题。与此同时，随着恶意代码技术的发展，其破坏性和隐蔽性越来越强，目前工业威胁检测维护缺乏针对工业环境的恶意代码检测手段，从而给人们和国家带来巨大的经济损失。这些威胁挑战将在未来持续存在，作为高级威胁的重点关注目标，制造业必须做出针对性的安全防护。

(8) 威胁：面临经济体制叠加挑战

粤港澳大湾区是"一国、两制、三关税区"，即一个国家、两种制度、三个法域和关税区，流通三种货币，这既是挑战也是优势所在。香港、澳门地区属于特别行政和自由港，深圳、珠海则是两个经济特区，还有南沙、前海蛇口和横琴三个自由贸易试验区，由此形成了特别行政区、自由港、经济特区、自由贸易试验区等多种经济体制相互叠加的局面。同时，在经济制度、法律体系、行政体制和社会管理模式、经济自由度、市场开放度、营商便利度及社会福利水平等方面，粤、港、澳三地都存在差异，而这些差异将会使粤港澳大湾区在建设过程中面临着部分难题，这是其他湾区没有的挑战。

抢滩信创蓝海
粤港澳大湾区数控应用发展现状及对策研究

当然，换个角度，结合"一国两制"，若能将粤港澳大湾区（市场经济成熟、科研力量强等）与广东省（制造业发达、政府决策能力及执行力强等）各自的特长和优势相组合，形成综合竞争力，未来将有不可衡量的巨大力量。

3. 整体分析

当今世界正经历百年未有之大变局，大国之间的竞争正在加剧。从长远来看，如何让中国这艘巨轮经受住一切可预见和不可预见的风暴，将取决于一个国家的综合竞争力、核心竞争力和战略竞争力，而现在的主战场是围绕创新能力展开的国际战略博弈。制造业是国民经济的支柱产业，为实现百年强国之梦，势必需要加速向高质量、高效能制造业方向迈进。与此同时，在我国经济加速升级、产业转型的形势下，这也具有积极的推动作用。站在新发展阶段，贯彻新发展理念，构建新发展模式，打造世界一流创新平台和战略高地，是国家赋予我们的特殊历史使命。从整体上看，粤港澳大湾区庞大的体量已达到世界级大湾区的水平。2019 年，信创产业开始进入大家的视野，越来越多的企业开始重视信创项目，投入的资金、人力份额均在增加，同时"新基建"全面展开，为信创产业增加了"一把火"，助之达到"风口"。信息技术应用创新发展作为一项战略要务，也是当今形势下国内经济发展的新动能。发展信创解决了其本质安全的问题，使之变得可掌控、可研究、可发展、可生产。

从整体分析，在基于国家大力发展信创的大背景下，下面对粤港澳大湾区数控产业进行 SWOT 分析，即内部分析和外部分析，明确指出在内部分析中，现有主要优势（S）为地理优势及经济雄厚、区内产业规模实力强硬及产业链完善、交通便捷、资源互补性强及产业体系完整，劣势（W）为核心技术受制、国内数控产业市场占有率低、数字人才凝聚力较弱、国产工业软件缺乏体系化；在外部分析中，现有主要机会（O）为国家政策导向、

第3章 信创赋能产业重塑
粤港澳大湾区数控产业集群分析

国际环境带动行业发展向阳、人口吸引强盛，威胁（T）为区域融合存在障碍、信创"落地问题"、环境保护问题、外部网络威胁以及经济体制叠加挑战。信创赋予了粤港澳大湾区数控产业新的活力与机遇，面对产业竞争格局的新调整和抢占未来产业竞争制高点的新挑战，信息化与制造化的融合加快推动新一代信息技术与制造技术融合发展，未来国内数控产业不再受制于国外关键技术指日可待。

3.2.2 粤港澳大湾区数控产业集群战略分产业园区和专业镇剖析

1. 优势和劣势分析

（1）优势：聚焦产能优势，优化产业发展全链条

一个产业要想走得长远，必会经历一条自身转型升级的道路，从技术、市场、管理等方面进行全面改善与提高。国家大力提倡"大众创业，万众创新"，带动工业经济的发展。目前，已有大量创新性产业园驻扎于各地城市，与企业孵化、金融服务、资源共享等方面挂钩，在园区办公方面具有相当优势。产业园与专业镇两种类型都有着一个共性，即聚焦产能优势，是产能资源集聚地的选址，具有强大的产业效能。然而，现在以专业镇为代表的产业集群现状仍然离现代产业集群有着质与量的差距。

数控机床被誉为现代工业的"神奇魔棒"和"手术刀"，从智能手机到飞机，都离不开高精度的数控机床。由表3-4可知，在国内数控机床产业发展中，产业已初步形成七大集聚区，其中装备制造的核心区域分别为环渤海地区和长三角地区，而珠三角地区作为制造业转型的前沿阵地，数控机床领域产业升级步伐相对比内地更快，机床产业发展一直引领全国。由表3-5可知，沿海区域和工业基础雄厚的老工业基地分布比较密集，一方面这些地区是靠近对数控机床需求大的机电产业集群市场，另一方面产业基础和技术实力较好。可见，市场和技术对数控机床产业的影响巨大。

表 3-4 数控机床产业分布情况

区 域	数控机场产业分布
西北地区	齿轮磨床、数控车床和加工中心、工具和功能部件
中部地区	重型机床、数控系统
西南地区	小型机床、齿轮加工机床、专用生产线及工具
珠三角地区	数控车床、数控系统、功能部件
东北地区	数控机车、加工中心、重型机床、锻压设备及量刃具
环渤海地区	锻压机械、数控车床、高速龙门铣床、龙门加工中心
长三角地区	磨床、电加工机床、板材加工设备、工具和机床功能部件

表 3-5 重点地区数控机床主要企业分布

省 份	主要企业
北京	北京第一机床、北京机床研究所、北京阿奇夏米尔、精雕科技等
上海	上海第一机床、上海第三机床、上海电气机床、上海重型机床等
广东	广州数控、广州精雕、敏嘉制造、昊志机电、凯特精机等
辽宁	沈阳机床、北方重工、三一重装、大连机床、光洋科技等
江苏	江苏亚威机床、金方圆数控机床、江苏扬力集团、国盛机电等
浙江	杭州机床集团、友佳精密机械、宁波海天精工、日发精机等
山东	济南一机床、济南二机床、威达重工、华东数控、普利森机械等
陕西	秦川机床、宝鸡机床、西安机床、汉川机床、天水星火机床等
湖北	华中数控、武汉重机、华工科技、精明数控、铁正机械等

数控机床产业的集群发展模式主要有以下三种模式：产学研相结合模式、龙头企业带动模式和依托国内外产业转移落户模式。

产学研相结合模式适合已有一定基础的数控机床产业园，通过企业、高校、科研院所合作，共同成立产学研合作基地，推动数控机床产业新技术的应用和科技成果的转化，帮助数控机床企业拓展新的领域，带动相关智能装备产业发展。

龙头企业带动模式适合新建的无任何产业基础的工业园区，先通过引进实力强、规模大、带动能力强的数控机床龙头企业，再依托大企业吸引相关配套企业，实现产业链的补链和延伸。

依托国内外产业转移落户模式，适合已进入产业链布局优化与协同发展新阶段额地区或产业园区，中国东部沿海地区、中西部地区正面临新一

第3章 信创赋能产业重塑
粤港澳大湾区数控产业集群分析

轮的产业转移机遇，可以吸引国际一流的数控机床企业落户，也可以吸引国内企业分支基地和创业企业落户。

纵观数控机床产业园发展不难发现，往往发展欣欣向荣的产业园都会叠加多种方式，依据基地实际情况和周边产业集群的现状，不可能不经过调查评估就擅自重用某种模式。因此，集群发展三种模式的有效组合才能更好地发展数控机床产业，并恰如其分地参与国内国际的分工。

(2) 优势：推动地方经济社会发展

回顾产业园区发展的每个阶段，它们都有着同一特性，即共享资源和规避外部带来的风险，以此促进产业集群的成熟。目前，产业园区已成为一种重要的空间聚集形态，对于区域经济、产业结构调整、城镇化建设等方面是其发展路径中缺一不可的，具有良好的推动作用。

广东省作为经济大省，信创工作一直处于前列，目前已在茂名市、广州市、珠海市分别建设了高新区国信创谷、增城信创产业园、珠海高新区信创产业园。2022年6月7日，广东省首个信创协会——广州市信息技术应用创新行业协会正式成立，立足于广州市信息技术应用创新产业，覆盖粤港澳大湾区，辐射全国信创产业生态。

纵观粤港澳大湾区，广州、东莞、惠州产业园发展迅速。作为粤港澳大湾区重点城市，2018年，广州遍布107个各种类型的产业园区，其中工业园区占比约七成。近年来，东莞加大对企业的扶持力度，"总部基地+产业园"的模式将是东莞未来经济发展的新模式。2018年，佛山村级工业园区达1025个。惠州涵盖电子信息、数码视听、石油化工等产业，一直发展向好。

粤港澳大湾区不同区域的产业园区有着各自不同的发展优势，若能在产业转型上向高端制造业的高质量发展迈进，未来位于粤港澳大湾区的各城市必将迎来新面貌，而身处其中的产业园区、专业镇必将加速前行。

"专业镇"概念于20世纪90年代首次在广东省被提出，而发展"专业

抢滩信创蓝海
粤港澳大湾区数控应用发展现状及对策研究

镇"也成为当前广东省各市推动本市经济发展的一个重要策略。专业镇作为推动城镇化发展方式之一，在壮大区域经济、增加就业、提高收入等方面发挥着重要作用。粤港澳大湾区数控装备技术创新专业镇的发展带动了区域经济的进步。例如，东莞市万江街道地处粤港澳经济走廊，临近珠江入海口，产业链主要集中在机械及电子部件和配套两个环节，在电子装备制造环节优势明显，特别是技术含量最高的机械、电子组件和电子元件，是万江街道产业重要组成部分。2015年8月，万江街道被认定为"广东省技术创新专业镇（数控装备）"。2017年，万江街道规模以上智能制造业总产值47.7亿元，有智能制造企业1268家（通用设备522家、专用设备190家、电气机械146家、器材制造39家、计算机、通信和其他电子设备制造业305家、仪器仪表66家），以此带动该区域经济的发展。

当前，产业园和专业镇的建设已驶入了发展的快车道。《国家高新区创新能力评价报告2021》数据显示，截至2020年，全国共有169家国家高新区园区，生产总值较2019年增长11.5%，已达135566.2亿元，相当于全国GDP的13.3%。国家高新区内入驻的企业共计16.5万家，在营业收入、工业总产值、净利润、出口总额分别实现427998.1亿元、256355.8亿元、30442.3亿元、44726.6亿元，较2019年主要经济指标分别增长11.0%、6.7%、16.6%和8.1%。同时，企业R&D经费内部支出占园区生产总值的比例为6.8%。因此，通过产业园区推动地方经济发展的方式正逐步成为区域经济发展的重要引擎，进而提升区域整体实力。

(3) 优势：聚焦"镇能量"换挡创新优势

中国式现代化离不开农业农村现代化。作为中小城镇创新发展的主阵地之一的专业镇是"创新链"与"产业链"融合的主战场。专业镇具备有灵魂、有人气、有生命力的特点，在加强技术创新提升的同时，也输出着专业标准和特色品牌的形象。随着经济新常态化和国内外竞争逐渐白热化，专业镇必须形成新的创新优势以应对这一变化。

第3章 信创赋能产业重塑
粤港澳大湾区数控产业集群分析

广东省社科院曾在《广东省专业镇创新指数评价研究》中指出，处于新一轮产业升级和转移的背景下，广东省专业镇必须提高自主创新能力，掌握核心创新技术，实现从比较优势、聚集优势向创新优势转换。如今，广东省正实现转向以创新驱动为核心的新型增长模式，而处于市场经济"一线"的专业镇一方面肩负重任，另一方面面临着紧迫压力，即两个选择：要么转型升级，要么被淘汰。实际上，专业镇应将"创新链"与"产业链"融会贯通。近年来，随着政府对专业镇科技研发的大力扶持，将有限的科技资源更多地投到以企业为核心的集群创新系统建设中是改革的重中之重，而存在科技研发瓶颈的专业镇在此基础上需积极调整科技研发计划，迸发向上发展的潜能。

(4) 优势：系统推动、高效落地，促进可持续发展

产业园区不同于传统工业，其汇集基础设施、产业上下游等多项要素，形成完整的工业发展系统，可以实现体系化规划设计可持续发展方式。而传统工业供应链较为分散，如果在一条供应链上的某家企业在生产过程中进行可持续改造，就可能导致与供应链上其他环节不适配的问题。在碳减排的问题上，产业园区可以利用全园区使用清洁能源，进而实现区内能源结构优化，可运行于园区的基础设施和企业的生产制造环节中，能够系统性减少园区的传统能源的碳排放，实现系统化促进可持续发展。同样，产业园区带有公共服务属性，在产业园区的发展过程里，政府力量是关键因素之一，以高效率调动丰富的人力、物力和财力，充分发挥"集中力量办大事"的优势。

(5) 劣势：产业定位不清，产业链关联度不强

在新型工业化过程中，如何提高企业竞争力，使企业在全球价值链中不断创新和学习，向高附加值的价值链攀升，这是关键性问题。促进产业园区和产业集群健康发展是实现新型工业化的重要途径，目前产业园仍存在产业定位不清、产业链关联度不强、管理体制机制不顺的问题。

抢滩信创蓝海
粤港澳大湾区数控应用发展现状及对策研究

一是产业定位模糊、规划调整不及时。产业园区规划中产业定位是重要环节，产业定位失败、摇摆、与市场需求严重脱节，都将对产业园区招商和运营造成阻碍。近年来，产业园的数量逐步增加，随着各路资本的热捧，某些园区盲目效仿其他园区，不考虑自身实际情况，只顾发展高技术、高附加值的产业，进而影响劳动密集型优势产业的发展。并且，部分产业园区对企业"包容性"极强，对来者企业不拒，引起主导产业种类太多，范围太广，欠缺寻找产业本身的独特优势，对资源的统筹管理难度加大。因此，产业园区迟迟难以形成区域核心竞争力，占主导地位的产业难以发挥自身作用，在产业发展过程中具体表现为：产业规划调整不够及时，园区部分项目审批不严格，多数园区布局低水平电子终端生产制造等。

二是产业链条不全、上下游配套较差。一个园区要想达到完整高效的产业链和企业规模效应，必须在发展园区中充分考虑企业的关联性和渗透性。多数园区产业链条较短，产业配套不足，电子信息产业所需的元器件及相关配件均未实现就地配套，装备制造产业也缺乏铸造。一些园区在吸引力强的产业方向盲目追求数量，从而忽视了本身质量和内在联系，导致园区难以形成持续发展的动力。

三是管理体制机制不顺。这主要表现为管理关系分界不够清楚、人事体制不够灵活、财政体制和简政放权不够等。由于对辖区乡镇没有实行代管或者托管，园区对乡镇并没有实际的人事、财政、土地等管理权限，常常存在推诿现象。产业园中也会由于身份限制、激励政策不够，园区干部薪酬待遇和向上流动晋升有限，多数园区并没有独立财政权限，如平台公司自身融资能力较弱，资金将存在"只出不进"的状态，都将制约园区健康发展。此外，对于园区经济管理权限也未充分放权，多数产业园区在国土、环保等方面的权限全部将被收回。同理，专业镇也存在以上问题。

(6) 劣势：技术创新能力不足，产业服务业薄弱

产业园区随着经济高速发展和产业升级逐渐成熟起来，当下我国产业

第3章 信创赋能产业重塑
粤港澳大湾区数控产业集群分析

园区的发展已经取得了令世人瞩目的成就，其发展态势逐渐趋向多元化，涉及多个产业领域且互为补充。然而随着我国产业园区风起云涌的快速发展，一些问题逐渐凸显，如创新能力和服务意识。同时，高新技术产业集群和重化工业产业集群是以低成本为基础的聚集，产业结构的总体层次、水平仍较低，在技术研发投入方面普遍存在不足，不少产业园没有构建技术与人才分享的技术研发孵化器、实验室或服务平台。此外，大多数小微企业技术研发能力弱，技术人才匮乏，技术含量低，抗风险能力弱，从而过于依赖从国外引进的高新技术，从而使得企业自身缺乏创新。后果则是，园区对自研开发的文化和精神支持力度不够、技术原创性的驱动能力不足，从而制约了产业园的健康发展。

在产业创新发展的过程中，园区是其重要载体，对产业创新有着重要的支撑、培育、辅导和服务的作用。目前，园区运营收入来源较单一，在其研究策划、规划设计、开发建设与运营管理主要使用房地产思维，产业服务意识和企业服务意识有待提高。对于产业创新的基础设施也不够完善，特别缺乏技术创新共享平台和产业互联网等基础设施，产业创新的服务体系不够健全，专业服务能力也不够到位，存在周期长、投入高、发展速度激进、项目成功率低等问题；从产业服务业方面来看，大多数产业园区发展产业集群，只注重发展核心产业本身，产业园内的餐饮、物业、商务服务、医疗教育等产业配套严重不足或者缺失，没有系统考虑生活服务配套设施，出现了产业园区空心化、阶段性拥堵、假日空城，以及资源分散等严重的弊端，影响了产业园服务功能的高效。此外，产业园区的服务体系核心应从服务对象也就是园区企业的自身需求出发，力争提供包括人才服务、金融服务、信息服务、市场服务、技术服务、产品服务等一系列的增值创新服务，从而全面助力企业健康成长，保证园区的可持续发展。

(7) 劣势：政策依赖性强，内生发展较弱

在园区建设和招商引资进程中，政策兑现不到位，如金融、财政、人

抢滩信创蓝海
粤港澳大湾区数控应用发展现状及对策研究

才等方面。对于政策的信用度有所受损，也影响着招商引资的满意度。另一方面，由于各级服务并不到位，对于创新精神有待提高，新政策钻研度也需提高，面对政策落地"最后一公里"问题并未妥善解决，从而导致政策落实难、企业反映的问题得不到解决。部分园区开发边界不够清晰，基础设施、公共配套设施尚未启动建设，加上受融资、土地供需矛盾、财税收入低的影响，仍会有部分园区存在水电路保障不足、人力缺乏、生活性配套设施不足的问题，也影响园区招商引资及企业的正常生产经营。

产业园区吸引外来企业的优势之一为政策优惠，希望吸引大规模项目和大型企业入驻。实际上，其优势无一不是它的产业地产相关政策带来的一些福利，如政策优惠、税收减免、土地条件等，但不得不否认的是，产业地产并不稳定，一旦国内政策开始动荡，其首当其冲会受到牵连，而园区在企业内部没有太多精力去培育、促使它们进步，从而影响产业园区构建市场运营机制，造成重视外部条件、忽略内在发展的局面。

(8) 劣势：粤港澳大湾区内部城市发展不平衡

粤港澳大湾区内部发展差距较大、协同性和包容性有待加强，存在同质化竞争和资源错配的问题。比如，香港在经济方面缺乏持续稳固支撑，澳门在经济结构上存在相对单一、发展资源有限，而珠三角九市的市场经济体制也有待完善的空间。同时，区域发展空间目前面临着瓶颈制约、资源能源约束紧张、生态压力增大和人口红利逐步减退等问题。核心城市广州、深圳、香港等，无论是产业发展水平、经济总量、政策宣导、人才聚集等方面，还是城市发展的定位与层次等方面，都已跃居国际一流城市，但肇庆、江门等地经济社会发展水平则相对较低。从区域板块上，珠江口东西两岸，在经济实力、产业发展和常住人口数量等方面都有与之不匹配的指标和评价。比如，东岸有两个国际化大都市，即深圳和香港，交通便利，而西岸缺乏引领发展的城市，在研发投入、人才集聚、高新技术企业数量和知识产权成果等指标上的创新成效有很大潜力。

第3章 信创赋能产业重塑
粤港澳大湾区数控产业集群分析

2022年前三季度，惠州GDP增速高达8.9%，而其他城市均在全国平均值之下，如表3-6所示。深圳回升较快，增长5.2%，夺得前三季度全国增量第一，三季度末的GDP总值达22925.1亿元，已高于广州。香港未回正。湾区三大巨头中两者折损，必对整体增速产生较大影响。

表3-6 2022年前三季度粤港澳大湾区GDP

城 市	2022年前三季度GDP（亿元）	名义增速（%）
深圳	22925.1	5.20
广州	20735.4	3.53
香港	17597.3	-0.13
佛山	8850.1	4.25
东莞	8001.2	3.98
惠州	3800.2	8.90
珠海	2864.1	3.91
江门	2669.1	5.26
中山	2594.8	2.66
肇庆	1908.1	3.32
澳门	未公布	未公布
大湾区（不含澳门）合计	91945.9	3.56

(9) 劣势：制造业企业发展有待提高

截至2022年，《财富》世界500强榜单中包括粤港澳大湾区的24家企业，上榜企业的营收占500家上榜企业总营收的31%。在入围的企业中，位于深圳的企业有10家，数量位居粤港澳大湾区第一，位于香港、广州、佛山、珠海的企业分别有7家、4家、2家、1家。从行业分布可知，24家企业涉及电子和电子元器件、制造业、互联网与通信等领域，尤其电子信息、制造业等产业优势突出，如美的、广汽、比亚迪等广东制造充分发挥着工业稳经济的"压舱石"作用，成为制造业相关指标的稳步回升、拉动广东省GDP增长的关键力量。并且，我国近十年上榜的企业主要集中在金属产品、采矿、工程建筑等行业，均为国内龙头企业，在国际上也处于领先地位。

抢滩信创蓝海
粤港澳大湾区数控应用发展现状及对策研究

2．机会与威胁分析

(1) 机会：国家政策力促产业集群高质量发展

产业园区是中国产业发展的集聚地，也是地区经济增长的关键媒介。国家高新技术产业开发区经过30多年的发展，已经成为我国实施创新驱动发展战略的重要载体，在转变发展方式、优化产业结构、增强国际竞争力等方面发挥了重要作用，走出了一条具有中国特色的高新技术产业化道路。

《国务院关于促进国家高新技术产业开发区高质量发展的若干意见》提出，以培育发展具有国际竞争力的企业和产业为重点，以科技创新为核心着力提升自主创新能力，围绕产业链部署创新链，围绕创新链布局产业链，培育发展新动能，提升产业发展现代化水平，将国家高新区建设成为创新驱动发展示范区和高质量发展先行区。到2025年，国家高新区布局更加优化，自主创新能力明显增强，体制机制持续创新，创新创业环境明显改善，高新技术产业体系基本形成，建立高新技术成果产出、转化和产业化机制，攻克一批支撑产业和区域发展的关键核心技术，形成一批自主可控、国际领先的产品，涌现一批具有国际竞争力的创新型企业和产业集群，建成若干具有世界影响力的高科技园区和一批创新型特色园区。到2035年，建成一大批具有全球影响力的高科技园区，主要产业进入全球价值链中高端，实现园区治理体系和治理能力现代化。

同时，各地方政府对产业园给予一定的财政、税收、补贴等资金上的扶持，使之充分发挥应有的优势作用。每个产业园区都配套有产业基金，入驻企业也更容易获得产业基金，促使企业能快速投产，抓住时机，把更多精力投到产业研发生产和提高核心技术上，增加企业的产能值。我国GDP的四分之一来自产业园区经济，当前产业园区进入转型升级阶段，各类产业园区应该抓住机遇，围绕都市圈、产业红利做事情。当前，各地千亿元级产业园规划有10余个，我国未来将进入各类产业园区建设高峰期。

(2) 机会：创新引领产业园区建设方兴未艾

第3章 信创赋能产业重塑
粤港澳大湾区数控产业集群分析

我国进入新发展阶段，相比于过去，坚持开放创新、积极融入全球创新网络比以往任何时候更加迫切。长期以来，科技创新型产业的发展、壮大是一项重要艰巨的工作。

在《广东省新型城镇化规划（2021—2035年）》和《珠江三角洲全域规划（2014—2020年）》的指引下，珠三角一体化进程加速推进，这将有利于数控产业园进一步拓展产业空间，与香港、广州、深圳等中心城市的企业建立紧密联系。广州、深圳是主要创新城市的核心，将创新产业链辐射到整个湾区，加快集群内城市的持续高质量发展，在相应领域协作、融合改善中，推进高新科技创新人才聚集以及创新链的加快进步，提高高新技术的产业化水平，力争做到世界一流的水平。可以大胆预估，类似无人驾驶、人工智能、航空航天等高技术产品有极大希望在粤港澳大湾区最先完成产业化，形成一大批具备发展潜力的高新企业。建设粤港澳大湾区，理应把握住、狠狠抓住此次全球智能产业革命所带来的机遇，把"创新"作为动力推进科技水平的提高。

成熟的产业园区理应是产业发展规划平台与产业链要素供给相互融合的联合体。在"商难招、资难引、产难布、企难育"的现实面前，产业园区要基于"构建产业链、形成产业集群、构建产业生态"的创新发展模式，充分发挥自身最大资源优势。从前瞻趋势研究、科学战略规划、创新开发投资模式、强化产业孵化培育、加强园区运营服务，实现一张蓝图绘到底。

产业园分为高新区、开发区和科技新城等七种类型，如图3-10所示。创新型产业园区更加注重"产业+服务+运营"的发展模式，要一手抓产业、一手抓服务、进而加速推动入驻企业的健康成长，推动城市经济的发展。

(3) 机会：数字化运营将是大势所趋

现今，物联网、云计算、人工智能等技术的发展日新月异，相互之间深度融合而迸发的商业价值更是无限。

抢滩信创蓝海
粤港澳大湾区数控应用发展现状及对策研究

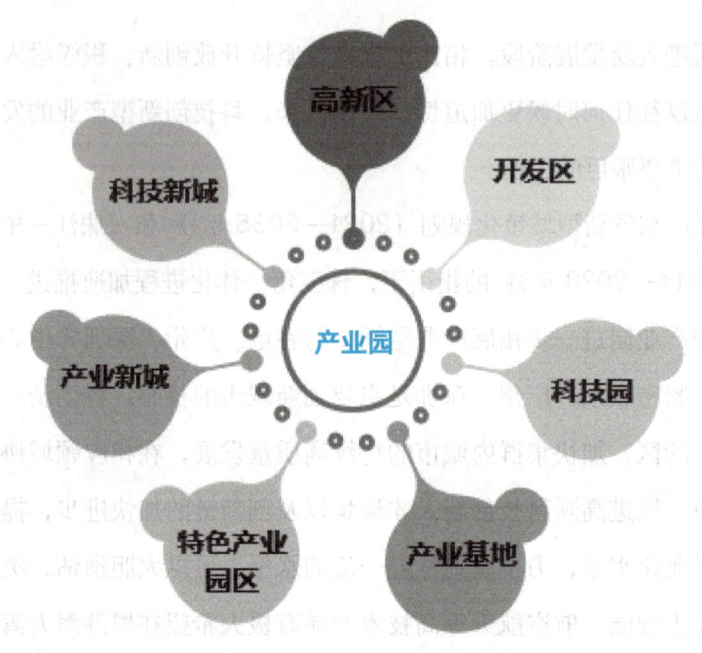

图 3-10 产业园分类

  传统运营方式也开启了线上模式，如资产管理能力、数字化能力的建设，产业组织、产业招商、产业服务业不断向互联网业务模式进行转移。随着信创产业建设的全面推开，国内信息技术产业生态体系正在构建，在数字基建方面发挥着越来越重要的作用。

  数字化发展需促进数字技术与实体经济深度融合，为赋能传统产业转型升级、催生新产业新业态新模式、壮大经济发展提供新引擎。此外，《规划》提出，需适应数字技术全面融入社会交往和日常生活的新趋势，促进公共服务和社会运行方式创新，构筑全民畅享的数字生活。

  国家互联网信息办公室发布的《数字中国发展报告（2020年）》指出，我国数字经济总量跃居世界第二，数字经济核心产业增加值占GDP的比重达到7.8%，至2025年该比重将提高到10%。因此，长期来看，全社会线上服务需求、数字化转型需求的不断增长是必然趋势。

  （4）威胁：国际市场波动

  当今世界正经历着百年未有之大变局，在新一轮科技革命和产业变革

第3章　信创赋能产业重塑
粤港澳大湾区数控产业集群分析

的背景下，新技术、新产业、新业态、新模式不断涌现，世界各国的比较优势也在潜移默化地发生变化。同时，经济全球化面临诸多挑战，国际局势呈现大国竞争加剧态势，导致产品消费需求的增长丧失关键的支撑点、通胀压力大幅度升高、社会经济增长的势头也有所减缓。全球供应链压力指数（GSCPI）显示，2022年1~2月出现持续回落现象，现阶段虽保持在较高水平却凸显供应短板逐渐减轻的态势。同时，商品价格上涨压力仍然处于高位，阻碍着全球经济的增长，这加大了全球通胀压力，再度加剧全球供应链的紧张局势。并且，自从美联储开始启动加息后，美国的长端利率和美元指数也在不断上升。从短期来看，新兴经济体将面临着一定的资本外流和汇率贬值的压力。

当前全球市场尚未明朗，虽然较相比于2008年金融危机时期国际市场环境有了好转，但是市场波动较大，这就使得在产业园与专业镇存在局限发展，如主导产业趋同、同质化特征明显、难以实现产业集聚效应等。总而言之，与发达国家和地区相比，数控产业园区和专业镇在人才、资金、技术等方面还处于劣势，将面对发达国家和地区占据优势地位的压力。

(5) 威胁：粤港澳大湾区竞争激烈、基础研究"短板"仍待补齐

目前，全国各地纷纷涌现数控产业园区，我国数控机床行业的龙头上市公司包括创世纪、秦川机床、海天精工等，以上上市公司的数控机床业务营收均在20亿元以上，其他上市公司的数控机床业务营收则相对较小。2021年，宇环数控、思进智能数控机床业务毛利率水平较高，毛利率均在39%以上。如前所述，珠三角地区机床产业发展一直引领全国，是制造业转型的前沿阵地，相对于内地，数控机床领域产业升级步伐更快。而在粤港澳大湾区内部建立的产业园与专业镇如何从全国范围内的数控企业中脱颖而出，是一个值得思考的问题。

粤港澳大湾区"短板"仍是基础研究，是后续大湾区内各企业、政府合力解决的重要问题。世界产权组织《2022年全球创新指数报告》指出，

抢滩信创蓝海
粤港澳大湾区数控应用发展现状及对策研究

"深圳-香港-广州"科技集群连续三年在全球排行第二，在世界范围内，PCT 国际专利申请量靠前，但 SCIE 科学出版物数量则低于综合排名在其后的北京、"上海-苏州"集群，并且仅有北京数量的一半。针对此现象，目前粤港澳大湾区加快了建设尖端实验室体系和重大科技基础设施的步伐，在基础研究领域重点发力，未来在创新环节有望覆盖基础研究、应用研究、试验发展等链条。同时，粤港澳大湾区专利成果主要集中于传统优势产业门类，从专利涉及的国际专利分类号小类出发，表现为覆盖面相对较小且不同的城市分布的领域也不同，多的小类专利数量不到 100 项，难以形成规模化的合力。

(6) 威胁：人才成本上升

改革开放以来，我国经济、社会不断进步，将过往封闭性经济的国家成功转变为当今的"世界工厂"。纵观过往，劳动力在国内发展过程中呈现出饱和、低廉的现象，而如今我国老龄化现象日益严峻，再加上生育率逐渐降低，劳动力供给缺口被渐渐扩大，因此目前劳动力成本有着加速上升的趋势。随着经济结构调整、产业加速转型，企业对于高素质人才需求口更大，但存在着就业结构性的矛盾，这突出表现为区域化群体质量不同、产业之间需要的高素质人才标准也有所不同两方面。因此，在就业结构性、劳动力供给方面的问题更为凸显，后续也将是整个产业发展需要解决的重要问题之一。

沿海地区的劳动力成本攀升，内地劳动力优势显现。现在主要存在着沿海地区招工难、用工荒和技工短缺的局面、大学毕业生人数不断增加等现实困境，而农民类群体就业质量有待提升，技能素质与岗位需求不匹配问题比较明显，城镇就业压力依然存在。借鉴发达国家在后工业时期的部分经验，预计在该时期中劳动参与率将会下降至原基础的一半以下。同时，基于趋势判断和已有的劳动力供给数据，预计 2020 年至 2030 年，我国适龄劳动人口规模将从 9.89 亿人下降至 9.63 亿人，劳动参与率由 68.44%

第3章 信创赋能产业重塑
粤港澳大湾区数控产业集群分析

下降到65.17%，按照两项指标自身发展趋势进行推算，我国劳动力供给规模将不断下降，预计到2030年仅为6.27亿人。

就目前社会人才环境来看，招人难、用工荒一直是我国就业市场的痛点，面对社保入税、经济下行压力，企业均面临人力成本上升的压力。人力成本的上升降低了企业的经营利润，从而使得企业留存利润较少，这就直接带来了企业的转型发展资金支持不足的问题。我国人力成本近年来上升的幅度较快，同样使得在粤港澳大湾区内部分专业镇的低技术产业生存压力陡增。

3. 整体分析

中国式新兴工业化道路的重要一点是需考量企业竞争能力提升的方式，以使企业能在全球价值链中与时俱进学习和改进，向高增值的价值链环节攀升的能力，从而推动整个产业集群的持续健康发展。这才是真正促进新型工业化的有效途径。

广东省社科院早前发布的《广东省专业镇创新指数评价研究》指出，新一轮产业升级和转移背景下，广东专业镇须提高自主创新能力，掌握核心创新技术，实现从比较优势、聚集优势向创新优势转换，使专业镇经济成为广东特色产业集群发展的一个独特的表现形式和重要载体。

对粤港澳大湾区数控产业集群从产业园区和专业镇两个角度利用SWOT进行剖析，其中指出：

现有主要优势（S）为产能聚集、带动地方经济发展、集中专业镇能量转换创新优势、促进可持续发展，劣势（W）为产业定位模糊及链间关联度低、现有技术创新能力欠缺及服务业薄弱、政策依赖性较强、湾区内部城市发展不平衡、制造业企业发展有待提高。

在外部分析中，现有主要机会（O）为国家政策扶持产业集群发展、创新作为产业园及专业镇新引擎、数字化运营兴起，威胁（T）为国际市场动荡、湾区竞争激烈及基础研究短板亟待补齐、人才成本的上升。

总体而言，信创为各行业的进步提供了前进的方向，亦给产业园区和专业镇的进一步发展注入了创新思路。产业园区与专业镇不仅需要通过合理规划和布局去满足其美观性、实用性、功能性需求，力求为人们打造一个舒适、美好的生活与工作环境，形成独特的产业园文化，也需要将人才、高端设备、科学技术、休闲娱乐与文化教育等融为一个有机的整体，以全方位推动高质量发展，在精准定位、发挥优势两方面做足文章，为加快产业园区和专业镇高质量发展步伐铺平道路。

3.3　粤港澳大湾区信创产业宏观 PEST 剖析

3.3.1　粤港澳大湾区信创产业政策环境剖析

1．国家层面信创产业政策规划

信创产业是中国坚持走信息技术应用自主创新之路的必然结果，其发展与国家政策发展历程密不可分，以"863"计划为起点，信创产业政策经历了"觉醒""起步""加速""可靠""整体布局"五个阶段，形成了以国家和科研机构为引导，大型国有企业和民营企业为实现突破的信创产业新局面，如图 3-11 所示。

2019 年，我国正式提出发展信创产业，随后出台了一系列对信创产业的支持性政策。2020 年，作为信创发展元年，国家颁布五项政策，对信创产业发展规划提出相关规定。

截至 2021 年 8 月，国家层面涉及信创产业的相关政策如表 3-7 所示。

2006 年 2 月，国务院发布《国家中长期科学和技术发展规划纲要(2006—2020)》，提到将"核高基"，即核心电子器件、高端通用芯片以及基础软件产品，列为 16 个重大科技专项之一，标志着信创的起步。

第3章 信创赋能产业重塑
粤港澳大湾区数控产业集群分析

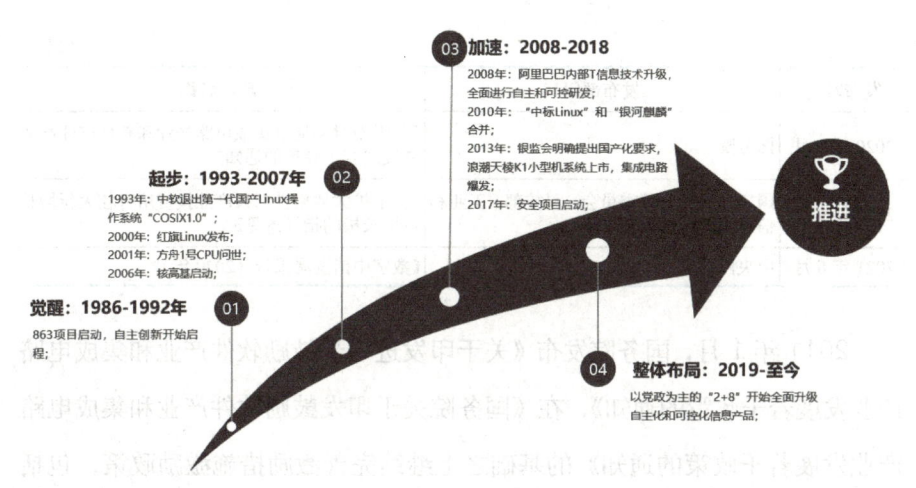

03 加速：2008-2018
2008年：阿里巴巴内部IT信息技术升级，全面进行自主和可控研发；
2010年："中标Linux"和"银河麒麟"合并；
2013年：银监会明确提出国产化要求，浪潮天梭K1小型机系统上市，集成电路爆发；
2017年：安全项目启动；

02 起步：1993-2007年
1993年：中软退出第一代国产Linux操作系统"COSIX1.0"；
2000年：红旗Linux发布；
2001年：方舟1号CPU问世；
2006年：核高基启动；

01 觉醒：1986-1992年
863项目启动，自主创新开始启程；

04 整体布局：2019-至今
以党政为主的"2+8"开始全面升级自主化和可控化信息产品；

推进

图 3-11 中国信创产业政策发展推进历程

表 3-7 国家层面的信创政策

发布时间	发布部门	政策名称
2006年2月	国务院	《国家中长期科学和技术发展规划纲要（2006—2020）》
2011年1月	国务院	《关于印发进一步鼓励软件产业和集成电路产业发展若干政策的通知》
2015年7月		《中华人民共和国国家安全法》
2015年7月	国务院	《关于积极推进"互联网+"行动的指导意见》
2016年7月	中共中央、国务院	《国家信息化发展战略纲要》
2016年11月		《中华人民共和国网络安全法》
2016年12月	工业和信息化部	《软件和信息技术服务业发展规划（2016—2020）》
2017年5月	国家保密局、中央网信办等	《关于实施涉密领域国产化替代工程的通知》
2017年7月	国家互联网信息办公室	《关键信息基础设施安全保护条例》
2018年3月	网络安全和信息化委员会、证监会	《关于推动资本市场服务网络强国建设的指导意见》
2018年8月	财政部、国家保密局	《涉密专用信息设备适配软件产品名录》《涉密专用信息设备适配软硬件产品名录》
2019年5月	国家质量监管检验检疫总局、国家标准化管理委员会	《信息安全技术网络安全等级保护基本要求》
2019年7月	工业和信息化部、教育部等十部门	《加强工业互联网安全工作的指导意见》
2019年9月	工业和信息化部	《关于促进网络安全产业发展的指导意见》
2020年1月	国务院	《国家政务信息化项目建设管理方法》
2020年4月	公安部、国家安全部、财政部等部门	《网络安全审查法》
2020年5月	中共中央、国务院	《关于新时代加快完善社会主义市场经济体制的意见》

抢滩信创蓝海
粤港澳大湾区数控应用发展现状及对策研究

(续)

发布时间	发布部门	政策名称
2020 年 8 月	国务院	《关于新时期促进集成电路产业和软件产业高质量发展若干政策的通知》
2020 年 9 月	国家发展和改革委员会、科技部、工业和信息化部、财政部	《关于扩大战略性新兴产业投资培育壮大新增长点增长极的指导意见》
2021 年 6 月	中央网信办	《数字中国发展报告（2020 年）》

2011 年 1 月，国务院发布《关于印发进一步鼓励软件产业和集成电路产业发展若干政策的通知》，在《国务院关于印发鼓励软件产业和集成电路产业发展若干政策的通知》的基础之上继续完善激励措施激励政策，包括财税政策、投融资政策、研究开发政策、人才、进出口政策、知识产权和市场政策等。

2015 年 7 月，《中华人民共和国国家安全法》发布，其中特别指出，需要加强自主创新能力建设，加快发展自主可控的战略高新技术和重要领域的关键核心技术。信创产业的发展程度关系到国家安全，因此信创产业的重要性不言而喻。

2015 年 7 月，国务院发布《关于积极推进"互联网+"行动的指导意见》，其中细化了信创产业在国家安全层面上需要做出的努力。首先，应加快提升互联网安全管理、态势感知和风险防范能力，加强信息网络基础设施安全防护和用户个人信息保护。其次，实施国家安全信息专项，提高"互联网+"安全核心技术和产品水平。最后，按照信息安全等级保护等制度和网络安全国家标准的要求，加强"互联网+"关键领域重要信息系统的安全保障。

2016 年 7 月，中共中央、国务院联合发布政策《国家信息化发展战略纲要》，明确提出，到 2025 年，根本改变关键核心技术受制于人的局面，形成安全可控信息技术产业体系。关键核心技术发展提上日程，加快脚步。

2016 年 11 月，《中华人民共和国网络安全法》颁布，对关键信息基础设施的运行安全做出规定，确立了网络安全保障在整个信息化建设中的核

第 3 章　信创赋能产业重塑
粤港澳大湾区数控产业集群分析

心和关键地位，为信创产业的发展建设提供坚实后盾。12 月，工业和信息化部发布政策《软件和信息技术服务业发展规划（2016—2020）》，须着力突破核心技术，到 2020 年基本形成具有竞争力的产品生态体系。

2017 年 5 月，政策《关于实施涉密领域国产化替代工程的通知》由国家保密局、中央网信办等联合发布，要求到 2020 年，涉密网络中的应用系统完成向自主可控涉密专用计算平台的适应性改造和迁移，涉密网络终端和涉密单机完成涉密专用计算机替代，服务器和存储系统基本完成替代，网络和办公自动化设备逐步实现替代。

2017 年 7 月，国家互联网信息办公室颁布《关键信息基础设施安全保护条例》，要充分发挥运营主体作用，社会各方积极参与，共同保护关键信息基础设施安全。

2018 年 3 月，网络安全和信息化委员会、证监会颁布《关于推动资本市场服务网络强国建设的指导意见》，积极支持符合国家战略和产业政策方向，有利于促进网络信息技术自主创新、掌握关键技术、提升网络安全保障能力的重点项目。

2018 年 8 月，财务部、国家保密局连续发布两份名录《涉密专用信息设备适配软件产品名录》和《涉密专用信息设备适配软硬件产品名录》，其中涉及办公软件、版式软件、病毒防治类软件、主机监控与审计系统、身份鉴别系统、安全增强电子邮件系统等。

2019 年，我国正式提出信创产业，并相继发布多项政策。其中，《信息安全技术网络安全等级保护基本要求》于 5 月发布，自 2019 年 12 月 1 日开始，调整原国标 GB/T 22239—2008 的内容，针对共性安全保护需要提出安全通用要求，以及针对云计算、移动互联、物联网、工业控制和大数据等新技术、新应用领域的个性安全保护需求提出安全扩展要求，形成新的网络安全等级保护基本要求标准。《加强工业互联网安全工作的指导意见》于 7 月发布，提出到 2020 年底，工业互联网安全保障体系初步建立；

抢滩信创蓝海
粤港澳大湾区数控应用发展现状及对策研究

到 2025 年，制度机制健全完善，技术手段能力显著提升，安全产业形成规模，基本建立起较为完备可靠的工业互联网安全保障体系。《关于促进网络安全产业发展的指导意见》提出，突破网络安全关键技术，积极创新网络安全服务模式、打造网络安全产业生态、全技术应用。

2020 年 1 月，国务院发布《国家政务信息化项目建设管理方法》，"安全可靠"和"网络安全"成为重点，政务信息化项目在报批阶段，要对产品的安全可靠情况进行说明。

2020 年 4 月，公安部、国家安全部、财政部等部门联合发布《网络安全审查法》，关键信息基础设施运营者采购网络产品和服务，影响或可能影响国家安全的，应当按照办法进行网络安全审查，于 2020 年 6 月 1 日起实施。

2020 年 5 月，中共中央、国务院发布《关于新时代加快完善社会主义市场经济体制的意见》，其中提到加强国家创新体系建设，编制新一轮国家中长期科技发展规划，以强化国家战略科技力量。

2020 年 8 月，国务院发布《关于新时期促进集成电路产业和软件产业高质量发展若干政策的通知》，主要内容是为进一步优化集成电路产业和软件产业发展环境，深化产业国际合作，提升产业创新能力和发展质量，加强国内科技产业建设，推动国产替代进程。

2020 年 9 月，国家发展和改革委员会、科技部、工业和信息化部、财政部联合发布《关于扩大战略性新兴产业投资培育壮大新增长点增长极的指导意见》，提到加大 5G 建设投资，加快 5G 商用发展步伐，加快基础材料、关键芯片、高端元器件、新型显示器件、关键软件等核心技术攻关，大力推动重点工程和重大项目建设，积极扩大合理有效投资。

2021 年 6 月，中央网信办颁布《数字中国发展报告（2020 年）》，提出了对全国各地信创产业的发展情况和发展计划。

第3章 信创赋能产业重塑
粤港澳大湾区数控产业集群分析

2．粤港澳大湾区信创产业政策规划

为响应国家政策，大力发展信创产业，粤港澳大湾区出台了支持信创产业发展的规定。截至2021年10月，广东省发布了多项政策支持粤港澳大湾区信创产业的发展。

2020年2月，《关于印发广东省加快半导体及集成电路产业发展若干意见的通知》提到，到2025年，形成一批销售收入超10亿元和3家以上销售收入超100亿元的设计企业，EDA（电子设计自动化）软件实现国产化（部分领域达到国际先进水平），高端通用芯片设计能力明显提升，芯片设计水平整体进入国际先进水平行列。

2020年10月，广州市发布的《广州市黄埔区、广州促进信息开发区技术应用创新产业发展办法》中明确声明，该文件作为全国首个区县级信创专项扶持政策，"信创10条"从培育奖励、成长奖励、信创精英奖励、平台奖励、应用奖励、基金支持、活动补贴七方面进行扶持，推动信创全产业链条要素整合优化和产业生态体系重构，创建国家级信创产业基地。"信创10条"自2020年9月7日起施行，有效期3年。

2021年8月，广州市统计局关于印发《"十四五"广州市统计现代化改革规划》的通知提出，全面落实信息化创新应用工作要求，积极推进信创工程实施，加速开展信创产品选型、测试、适配、实施工作，实现信创产品和技术在信息化建设中的应用。处理好现有应用系统与信创系统之间的关系，科学决策信创应用系统开发部署模式，做好新旧应用项目并行过渡期间系统建设和运维保障工作。

针对信创产业的发展，粤港澳大湾区迅速响应国家政策，积极推进信创产业的落实，做信创产业发展的先驱。

3．政策环境对信创产业发展的影响总结

国家和地方制定的产业政策能够引导国家产业发展方向、推动产业结

构升级、协调国家产业结构，使民经济和相关产业健康可持续发展。国家和地方对信创产业的政策具体表现为弥补国内信创产业的市场缺陷，有效信创产业配置资源，保护国内信创产业的成长。从国家层面，自 2006 年开始发布的一系列政策足以证明国家对信创产业的重视程度，也间接表现出国内信创产业发展程度有待加强，并明确提出大力支持信创产业的发展。这些政策的发布对整体信创产业的发展起到了鼓励、推动、导向和保护作用。

3.3.2 粤港澳大湾区信创产业经济环境剖析

1. 粤港澳大湾区宏观经济发展现况

广东省统计局数据显示，2021 年大湾区经济总量约 12.6 万亿元人民币，比 2017 年增长约 2.4 万亿元人民币；进入世界 500 强企业 25 家，比 2017 年增加 8 家；广东省现有高新技术企业超 6 万家，比 2017 年净增加 2 万多家。

粤港澳大湾区作为世界级城市群，是全球开放经济与创新经济的中坚力量。据世界银行统计，全球 60%的经济总量集聚在入海口湾区，世界 75%的大城市、70%的工业资本和人口集中在距海岸 100 千米的地区，粤港澳大湾区具备上述先天条件。

东京湾区、纽约湾区和旧金山湾区是全球三大湾区，有着不同的特点。世界第一大湾区——东京湾区集中了日本的传统产业，包括钢铁、石化、机械、电子、汽车、造船等主要工业产业。纽约湾区不仅是世界金融核心，而且也是美国重要的制造业中心，在制造业当中扮演着重要的角色。旧金山湾区是举世闻名的科技创新中心，集聚了众多高科技企业，如惠普、英特尔、谷歌、苹果公司等知名企业。

湾区的共同点是有着优越的天然地理位置，为城市群的发展带来对外贸易、要素流动、金融融通等的条件，这些条件为地区的发展提供各种维

第 3 章　信创赋能产业重塑
粤港澳大湾区数控产业集群分析

度的助力。

与这些世界发达国家的湾区经济总量相比，粤港澳大湾区存在着劣势。但是粤港澳大湾区 GDP 经济增速高于其他三大湾区，且一直保持高速增长态势，经济潜力巨大。

2. 经济环境对信创产业发展的影响总结

粤港澳大湾区的经济环境直接对信创产业的发展起决定性作用。活跃的经济环境能为大湾区信创产业吸引更多的相关人才和建设者，且产业的繁荣程度与其建设者的数量是正相关的。更重要的是，经济环境的利好能够吸引大量的资金投入信创产业，形成正反馈，即良好的经济环境促进信创产业的发展。同样，信创产业发展反过来会影响粤港澳大湾区的经济状况、经济环境。目前，粤港澳大湾区是我国最有经济活力的城市群之一，能够支撑起整个信创产业的发展，产业链结构也已经形成了一定的优势，加上国家和地方政策的支持，信创产业获得了得天独厚的产业优势。

3.3.3　粤港澳大湾区信创产业社会环境剖析

1. 粤港澳大湾区人口规模及增速

近年来，国家正深入实施创新驱动发展战略，粤港澳大湾区作为我国创新发展的前沿阵地和重要高地，创新能力不断提升，在人才集聚、载体建设、知识产权产出和创新协同环境打造上成果卓著。国家统计局数据显示，2012—2021 年，年均出生人口为 1620 万人。2021 年年末，我国人口数量为 141260 万人，比 2012 年年末增加 5338 万人，年均增长 593.1 万人，年均增长率为 0.4%。主要城市群人口集聚度加大，粤港澳大湾区城市群、长江三角洲及成渝三个城市群人口增长迅速，分别增长 35.0%、15.05%、7.26%。

根据 GBAIES 发布的《2022 年粤港澳大湾区创新力发展报告》，通过统计 2016—2021 年 A 股上市公司人员，粤港澳大湾区内地九市 A 股上市

抢滩信创蓝海
粤港澳大湾区数控应用发展现状及对策研究

公司研发人员规模逐年扩大，在数量上翻了一番，即由 2016 年的 24.85 万人上升至 2021 年的 53.79 万人。九市研发人员约占全国 A 股上市公司研发人员数量的 20%。总体来看，在统计期内，粤港澳大湾区研发人员占比基本呈上升趋势，并且高于全国 A 股上市公司平均研发人员占比 0.6～2.5 个百分点，充分体现粤港澳大湾区创新人才的高密度；广州、深圳、佛山、东莞四市 A 股上市公司研发人员占比较为稳定，较年均值的波动基本不超过 1%；珠海、惠州两市近年来表现较为抢眼，部分年份 A 股上市公司研发人员占比超 17%，一度超过广州和深圳。

2. 信创产业发展迅速

在国家政策的培育下，信创产业的景气度持续上升，伴随国家持续加大对科技创新的支持力度，现今信创产业已上升至国家战略。随着重点行业领域的成功示范，如金融、电信、能源、电力等八大领域正与信创产业处于加速融合过程中，国产信息基础设施有望迎来新一轮采购热潮。

据海比研究院《2021 年中国信创生态》统计，国内信创生态市场的实际规模 2020 年为 1617 亿元，预计未来五年将保持高速增长，年复合增长率为 37.4%，2025 年将达到 8000 亿元规模，如图 3-12 所示。从 2021 年各细分领域市场规模来看，基础设施最高达 718 亿元，其次是底层硬件类为 607 亿元，企业应用类为 192 亿元，平台、安全和基础软件方面的市场规模仍然较小。

近年来，云计算、人工智能、物联网、边缘计算和 5G 方面的技术创新均已经接近甚至领先全球，预测 2023 年中国计算产业投资空间将达到 1043 亿美元，占全球的 10%，充当世界计算产业中"引擎发动机"的角色，这推动了信息产业的发展。根据《鲲鹏计算产业发展白皮书》的预测，到 2023 年，全球计算产业投资空间将达到 1.14 万亿美元。从信创整体产业链来看，在我国数据库系统产业链中归属于较具竞争力的一个环节，部分行业已处于国际领先地位，整体上已经超过"实用"环节。

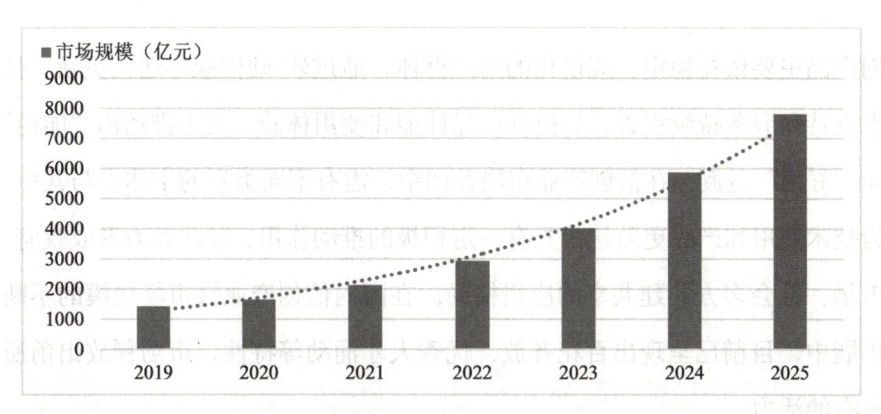

第3章 信创赋能产业重塑
粤港澳大湾区数控产业集群分析

图 3-12 中国信创生态市级市场规模及其发展趋势

从产业链各环节所起的作用来看，应用软件是带动信创产业发展的关键突破口之一。而从产业发展可知，未来随着信创建设迈向信创行动落地，必定会有更多的厂商参与。从目前市场的情况来看，大部分企业在切实兼容上下游，培育自身生态。所以，短时间内，可以借助信创"风口"，市场必将迸发充足的活力；长远上，随着产业发展完善及市场集中度的提高，市场需求会向着头部厂商靠齐。

3．社会环境对信创产业发展的影响总结

科学技术的发展已经渗透到社会活动的各方面，科学技术与社会两者相互适应、包容，才能以最大限度推动科学技术进步和发展的功能。正所谓"产业发展，人才先行"，从中长期可知，信创领域各类专业技术人才需求缺口庞大。粤港澳大湾区人口规模及增速较大，预期会培育更多"信创+"新兴信息技术产业的多维度、复合型人才。

虽然面临经济下行压力，但信创行业前期已形成良好的发展基础和向上的发展态势，整体上，信创行业长期向好的基本面并没有较大影响。疫情带给了行业一系列发展机遇，一是直接刺激了信创应用软件和在线解决方案的发展，如在线办公、在线教育、在线医疗等行业应用；二是推动了信创生态建设模式创新，线上国产生态建设创新平台得益于发展，通过线上适配等方式继续推动着国产信创生态发展。从信创用户的使用角度，信

创产品主要依托稳定、规模化的用户群体，通过软/硬件版本迭代更新、技术支持和服务持续完善，为提升产品性能和使用体验，大力推动由"能用"向"好用"过渡。在信创产业布局蓝图中，需有不同类别的主体参与其中，为技术使用和产品更新迭代具有一定积极的推动作用，以此助力形成政府、市场、社会多方共建共享的应用格局。在国内信创产业链市场规模的不断扩展中，目前已呈现出百花齐放、优秀人才涌动等特性，市场释放出前所未有的活力。

3.3.4 粤港澳大湾区信创产业技术环境剖析

1. 产业关键技术分析

相比于传统信息技术产业，信创产业着重强调打造生态体系，核心逻辑在于围绕以 CPU 和操作系统两者为核心的国产化生态体系，以系统化的方式保证整个国产化信息技术体系"可生产、可用、可控、安全"四个性质。通过对信创产业细分领域进行梳理，信创产业链大致分为硬件领域（底层硬件、基础设施）、软件领域（基础软件、云平台）、实际应用和信息安全四类，如表 3-8 所示。

表 3-8 信创产业细分行业及其定义依据

细分领域	细分行业	领域分析	定义依据
底层硬件 基础设施	集成电路（芯片）	CPU	CPU 处于国家科技发展的"卡脖子"关键技术
	存储芯片	DRAM/NAND Flash	国产化比率不足 5%
基础软件	操作系统	国产化比率不足 10%	
	数据库	数字经济绕不开的基础软件环节	
	中间件	第一梯队仍为国外公司，市场份额合计达 51%	
云平台	云计算	未来高新科技、大数据爆发式发展的必要参与者	
信息安全	软/硬件安全服务	保障中国信息生态长远发展的基本因素	
应用领域	应用软件	办公软件	国产化替代成本较为有限，能最低程度影响企业核心业务
		政务软件	外部环境较为复杂，国产政务软件领域是信创产业替代先行领域

第3章 信创赋能产业重塑
粤港澳大湾区数控产业集群分析

硬件领域包括底层硬件和基础设施，软件领域包括基础软件和云平台两部分，信息安全则贯穿整个信创产业。实际应用场景包括企业应用和解决方案两大类。目前，我国应用软件国产化程度相对较高，芯片技术的成熟度尚与发达国家存在一定差距。国内IT体系结构对于国外应用的底层架构、技术标准等方面过于依赖，所以我国的部分关键核心技术才会显得十分被动，从而在国家网络安全方面也带来一定风险。随着外部环境日趋复杂，美国商务部不断扩充"实体清单"，IT底层架构和标准的建设迫在眉睫，我国信创产业已形成了以国家和科研机构为引导，诸多企业共同实践并积极突破的新局面。

未来，在国家推动科技创新、安全可靠技术应用与发展的总基调指引下，为推动信创生态的联动发展，更多的整机厂商将充当生态整合者的角色，以上下游为联动，构建"芯—端—云—控—网—安"产业链生态，最终实现信创生态的协同发展。

2．产业科研投入状况

自2019年起，在国家政策推动和地方经济发展的要求下，各地方政府围绕信创产品开展的招标工作明显增多，对信创的重视程度显著提高。2019年到2021年11月期间，全国政府总信创招标金额达463.81亿元，部分地方政府信创研判招标情况如表3-9所示。

表3-9 部分地方政府信创产品招标情况

省 份	招标金额（亿元）	省 份	招标金额（亿元）
北京	203.29	天津	1.23
广东	95.38	山东	1.06
四川	77.54	上海	0.77
河南	67.27	江苏	0.71
湖南	6.01	湖北	0.68
新疆	5.75	河北	0.63
福建	1.48	山西	0.56
浙江	1.27	陕西	0.50

抢滩信创蓝海
粤港澳大湾区数控应用发展现状及对策研究

2021年，信创产业进入全面落地阶段，新领域不断放量，各行业渗透率持续拉升，产业规模突破新高。在此背景下，2021年信创领域发生132起融资事件，涉及105家企业，如图3-13所示，其成立时长跨度较大，超七成企业成立时间在10年以下，占总样本的37.14%，而成立时长在10至15年的有19家，成立15年以上则有12家。

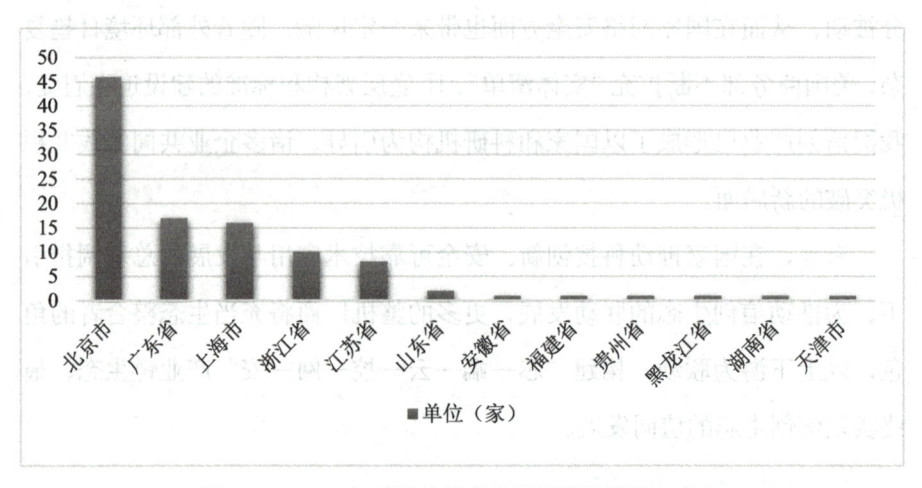

图 3-13　2021年融资信创企业所属地区统计（家）

2021年融资信创企业行业分布如图3-14所示。参与融资的105家信创企业，超3/4分布在北京、上海、广东。其中，总部位于北京的有46家，占总样本的43.81%；广东、上海两地各有17家和16家；浙江省和江苏省分别有10家、8家。从融资轮次来看，2021年信创领域近三成融资事件主要发生在战略融资阶段。区别于普通的财务融资，战略融资的双方多出于整体布局考虑，更看重战略协同效应，意在自身业务的优化和拓展，强调合作关系。2021年信创领域发生的132起融资事件中，仅90起披露了具体的融资金额，累计融资不少于258.33亿元，前十大规模的融资额累计超140亿元，占融资总额的54.34%。信创企业融资事件（据披露，部分）如表3-10所示。

第3章 信创赋能产业重塑
粤港澳大湾区数控产业集群分析

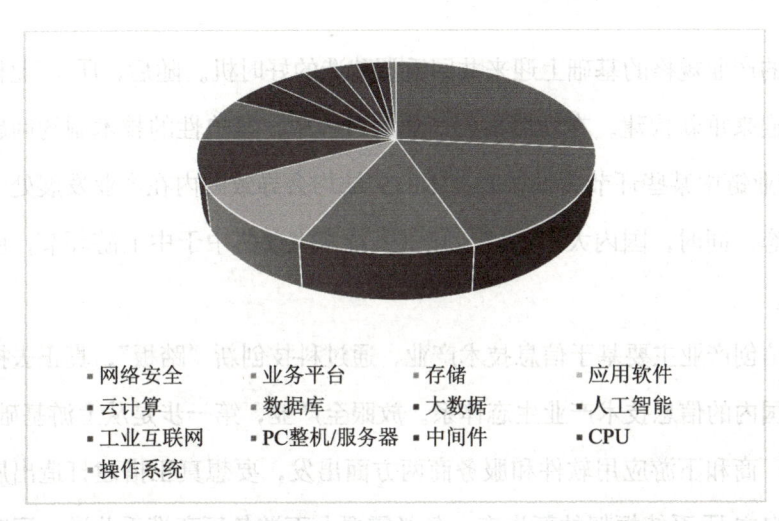

图 3-14 2021 年融资信创企业行业分布

表 3-10 信创企业融资事件（据披露，部分）

排名	简称	轮次	融资金额
1	第四范式	D 轮	7 亿美元
2	航天云网	战略融资	26.32 亿元人民币
3	E 签宝	E 轮	12 亿元人民币
4	得瑞领新	C 轮	近 10 亿元人民币
5	上海弘玑	C 轮	1.5 亿美元
6	安天科技	C 轮	9 亿元人民币
7	数字广东	战略融资	8 亿元人民币
8	建信金科	战略融资	7.5 亿元人民币
9	星辰天合	E 轮	7.1 亿元人民币
10	蒂普科技	B 轮	1 亿美元

未来，新型场景不断涌现，为企业带来新挑战时必将带来巨大的市场需求，资本市场的活跃状态预期仍会持续。

3．技术环境对信创产业发展的影响总结

加强信创建设是推动我国信息技术产业进步的因素之一，并非"一日之功"，而是"长久之计"。长期以来，我国对非国产 IT 产品的依赖程度较高，底层架构标准及上层生态构建的话语权较弱，导致了较为被动的局面。鉴于国产软/硬件产业纷纷呈现迅速增长态势，位于上下游的各产业在国内

抢滩信创蓝海
粤港澳大湾区数控应用发展现状及对策研究

自主的产业规格的基础上迎来共同重塑建造的好时机。随后，IT 产业格局也将迎来重新构建。在发展信创产业的过程中，紧迫性的技术制约问题和 IT 产业链中某些环节关键核心技术的欠缺均会导致国内在产业发展处于被动状态。同时，国内大多数"卡脖子"技术主要集中于中上游环节，亟须攻克。

信创产业主要基于信息技术产业，通过科技创新"踏板"，真正去搭建属于国内的信息技术产业生态体系。放眼全产业，第一步是从上游基础软/硬件厂商和下游应用软件和服务商两方面出发，要想真正搭建打造出属于我国自主 IT 系统框架的新生态，务必需要上下游各厂商携手共进。同时，前者存在产业能力分散和整体科技欠缺的现象，如在技术工艺、产品成熟度上存在滞后性，技术路线繁杂较多，而后者主要是兼容适配和性能下降问题，如基础软/硬件的多样化层面会给适配兼容增加较大工作量，这也给专业软件、复杂软件创新带来一定的阻碍。

随着新一代信息技术的发展，技术环境对信创产业发展影响巨大。我国信创产业正在加速落地和实践，实现安全化、可控化和自主系统化，为提高行业发展潜力打下坚实的基础。信创产业不仅大力推动着中国信息技术产业的数字化转型，也有助于我国企业数字化转型及其相关企业竞争优势的提升。

Chapter 4

第 4 章
信创赋能企业数字化转型
粤港澳大湾区数控领域的成功案例

4.1 数字化转型

4.1.1 基本概念

近年来，人们的生产和生活方式受到新一代数字化技术的影响，其中包括移动云计算、互联网、大数据和人工智能等在内的关键技术，正在重塑着许多行业。新技术一方面催生了新的商业模式，另一方面对企业的经营提出了挑战，因此"数字化转型"这个词渐渐成了许多企业的战略优先级，是许多企业寻求业务发展和运营优化的战略选择。

数字化这个概念经历了三个发展阶段：Digitization（数码化）、Digitalization（数字化）和 Digital Transformation（数字化转型）。

抢滩信创蓝海
粤港澳大湾区数控应用发展现状及对策研究

根据 Gartner 公司的定义，Digitization 是从 Analog 形式到 Digital 形式的转变，且这一转变不带来质的改变。也就是说，Digitization 代表的数字化不改变事物本身，而是改变事物的存在或存储形式，使之能够被计算机处理。例如，将纸质文件扫描为电子文件、将相片存储为电子格式、将经营数据存储为电子数据等都属于 Digitization。

根据 Gartner 公司的定义，Digitalization 是利用数字技术改变商业模式、创造新价值的过程，也是向数字企业转变的过程，即强调的是数字技术对商业的重塑。信息技术能力/数字技术能力不再只是用于单纯地解决企业的降本增效问题，而应该成为赋能企业商业模式创新和突破的核心力量；Digitalization 代表的数字化是要改变企业的组织形式或业务流程，如免费增值模式、电子支付、慕课等。

数字化转型侧重于描述数字化对社会的总体和整体影响，包括利用数字化技术（如大数据、云计算、人工智能等）来推动企业组织转变业务模式、组织架构、企业文化等的变革措施，如智能制造、区块链等。

一些带有非常强烈的数据分析需求的业务离不开数字化技术，如企业的财务、销售、市场等业务，然而企业管理者更希望看到结论化的数据。数据分析是针对特定问题或者某个体进行的，而数字/数据化管理在企业层面用于辅助管理。实现数字/数据化的过程为：收集一些数据，如企业相关运营的数据、客户使用产品服务的数据、行业和发展趋势数据等，从而形成企业管理的总体框架，并反映到产品研发、服务流程改善、精准营销、销售模式升级、优化库存等业务的改进上。

根据国务院发展研究中心的定义，数字化转型是指，利用新一代信息技术，构建数据的采集、传输、存储、处理和反馈的闭环，打通不同层级与不同行业间的数据壁垒，提高行业整体的运行效率，构建全新的数字经济体系。

综合埃森哲和华为对数字化转型的理解，焦宗双和张雪滢两位研究员

第4章 信创赋能企业数字化转型
粤港澳大湾区数控领域的成功案例

认为，数字化转型是以大数据、云计算、人工智能、区块链等新一代信息技术为驱动力，以数据为关键要素，通过实现企业的生产智能化、营销精准化、运营数据化、管理智慧化，催生一批新业态、新模式、新动能，实现以创新驱动的产业高质量化和跨领域的同步化发展。

可以看出，新一代信息技术是数字化转型的驱动力，数据以及围绕着数据的运作系统是数字化转型的基础，企业经营智能化、精准化、智慧化则是数字化转型的有效途径。

4.1.2 数字化转型的目的

2016年，G20杭州峰会发布了《G20数字经济发展与合作倡议》，指出数字经济是以使用数字化的知识和信息作为关键生产要素、以现代信息网络作为重要载体、以信息技术的有效使用作为效率提升和经济结构优化的重要推动力的一系列经济活动；"数字经济"中的"数字"根据数字化程度的不同，可以分为三个阶段，即信息数字化、业务数字化、数字化转型。与前面讨论数字化概念的发展历程时提到的 Digitization、Digitalization、Digital Transformation 是一一对应的。

因此，数字化转型是数字经济发展的重要环节，其目标是提高企业运营效率、实现产业的高质量发展、优化现有经济结构，并构建数字经济体系。

历经信息数字化和业务数字化，数字化转型是目前数字化发展的新阶段，不仅能扩展新的经济发展空间，促进经济可持续发展，还能推动传统产业转型升级，促进整个社会转型发展。通过数字化转型，企业能够打通涵盖产品设计、生产规划、生产工程、生产实施和服务在内的整个产品生命周期的数据流，实现设备资产的有效管理和业务运营的优化，从而缩短产品开发时间，加快新产品的上市速度，并通过更灵活的生产手段实现更快速的市场响应，这不仅有助于建立更优质的质量管理体系，赢得客户的信任，还能提高成本效率，从而在竞争中脱颖而出。

4.1.3 数字化转型方向

经济是价值的创造、转化和实现过程。在这个过程中，最终实现的价值取决于价值本身以及在创造和转化过程中所产生的成本差异，从而推动经济的发展。

经历了农业和手工业经济、工业经济的演进，如今正处于数字经济时代的起初阶段，可以发现，每一次经济形态的变革都带来了经济的迅猛发展。

相比农业和手工业经济，工业经济一方面通过大规模机械生产降低了价值创造和转化的成本，增大了价值创造的体量，扩大了存量，另一方面开发出了全新的价值载体来开拓增量。数字经济也是如此，一方面可以通过对信息的充分利用提高应对不确定性的能力，进一步降低价值创造和转化的成本来扩大存量，另一方面可以开拓出全新的价值空间来开拓增量。

因此，总体而言，数字化转型可以采取两种主要策略。一种是提高现有商业模式的效率，这包括降低价值创造和转化的成本，以及增加实现的价值量。另一种是开发全新的商业模式。

追溯从农业、手工业经济向工业经济的演进过程，成本的降低和价值的提升并不是通过偷工减料和哄抬价格完成的，而是不断提高应对不确定和多样化需求的能力体现。例如，在应对不确定性方面，由于工业化大大提高了生产的速度，供给能力能够满足忽然增多的需求，需求量也因为这种满足越来越大，与供给相互形成正反馈，直到达到新经济形态下整体供求的平衡；在应对多样性方面，由于技术发展大大提高了可用材料的范围、工业化大大提高了生产的质量，供给能够满足不同细节、不同程度的需求，需求也因为这种满足越来越多样化，从而与供给形成正反馈，直到达到新经济形态下的平衡。

第4章 信创赋能企业数字化转型
粤港澳大湾区数控领域的成功案例

在不断提升要求和不断满足要求的过程中，新增的需求量在整体上降低了价值创造和转化的单位成本，同时新增的不同需求在整体上提高了价值实现的水平，带来了经济的发展。因而，现阶段通过数字化转型向数字经济时代发展过渡，就要求不断利用数字技术，以提升应对不确定需求和多样化需求的能力。

此外，开发新的商业模式要求开拓出新的价值创造、转化、实现过程。工业经济使技术成为除劳动、资本、土地之外的第四种生产要素，为满足以前不能满足的需求提供了可能，如更快的运输速度、更大的承载力量，或者更清洁有效的能源、不受时空阻隔的交流。与之类似，当数字经济使数据成为第五种生产要素后，我们已经看到了未来无限可能的一角。比如，通过数据串联起原本难以接触到的供求方的电商模式，通过数据聚合起原本分散的供求方的共享模式，通过数据把每个参与者变成潜在供求方的社交网络模式等。

因此，通过数字化转型向数字经济时代发展要求跳出传统价值载体、传统供求关系、传统需求范围，利用新的数字技术大胆创造新的商业模式。

4.1.4 数字化转型实现

对于现有的传统产业，数字化转型的主要路径只有一条，即利用新的数字技术提高应对不确定需求和多样化需求的能力。

十多年前，企业采用 ERP 等管理信息系统曾是信息数字化和业务数字化的有效实践，彼时应对不确定需求和多样化需求主要是从需求端出发，按照估计的订单需求进行生产和供应，是一种被动的运行状态。如今，企业可以通过数字技术转被动为主动。在生产和供应方面，通过数控设备和智能排程等方式提高柔性程度，快速适应变动的需求；在需求方面，通过分析数据主动寻找需方、主动了解市场多样化的需求，将供求匹配的主动权掌握在自己手中，并在售后及其他附加环节做好数据采集和分析，定期

抢滩信创蓝海
粤港澳大湾区数控应用发展现状及对策研究

总结并改进经营过程中不适应的情况。

对传统产业企业而言，数字经济时代其实并没有改变其价值创造、转化、实现的根本过程，改变的是对企业响应效率的要求。因而，企业的数字化转型不能只做花拳绣腿的无用功，即不只是漂亮的数据可视化，更要提高对快速变化的市场的响应能力，将新技术落实到扩大需求存量、开发需求增量上。

同时，数字化转型并不是一家企业的事。实现完整的数字化转型需要从产业链层面协调各企业的转型发展，要求企业在数据层面合作。这里有三方面需要考虑：第一，企业间要统一数据标准，以保证合作的畅通；第二，保障数据安全，防止泄露、篡改等危害企业、客户、国家安全的风险；第三，提高数据开放和共享水平，以高效整合资源。

此外，企业数字化转型需要政府保驾护航。一方面，即使有市场需求，企业数字化转型也需要政府鼓励来加速；另一方面，数字化转型的第二条路径即变革新的商业模式是一个"无中生有"的过程，也需要良好的发展环境。因此，除了个体企业和产业链层面，数字化转型需要政府积极推动。

借鉴英国、德国、美国、日本、韩国等国家关于数字化转型的顶层设计来看，政府在数字化转型过程中主要可以起引导、支撑和保障的作用。引导方面主要包括：人才培养、公众普及与培训、税收优惠。支撑方面主要包括：科研技术攻关、研发预算支持、贷款支持、推动国际合作。保障方面主要包括：法律规章的明晰与完善、设立有关职能部门等。政府本身的数字化转型也是这场变革中重要的一环，电子政务和数据治理等提高政府工作效率的方案也需要进一步依此展开。

最后，需要指出数字化转型是一个探索的过程，在这个过程中难免会遇到各种困难，有时候可能会走弯路难以避免。但从目前的资料来看，我们仍然缺乏对企业数字化转型的微观理解，缺乏对企业尤其是小微企业有实际指导意义的方案，这可能需要我们尽快对数字化转型比较成功的企业

第4章 信创赋能企业数字化转型
粤港澳大湾区数控领域的成功案例

做出分析,以帮助更多企业学习先进的转化经验。

当前,数字经济已成为经济发展的新动能,作为深入推进经济转型升级、实现高质量发展的一项重要措施,《广州市数字经济促进条例》着力构建推动数字经济全要素发展的制度体系,为广州建设成为具有全球影响力的数字经济引领型城市提供法治保障。

在这场关乎城市未来的变革中,广州用立法推动城市数字化转型,以更大力度、更大魄力紧紧抓住全球数字经济快速发展的机遇,夯实数字"底座",赋能实体经济,打造智慧城市,为建设数字化、现代化的数字经济创新引领型国际大都市描绘了宏伟的未来。随着大数据和人工智能等技术的飞速发展,数字经济成为全球经济增长的新动力。世界先进国家和地区为了抢占数字经济高地,制定了相应的发展战略,甚至出台了相关法律法规。

2021年年底,广州市正式出台《广州市推进制造业数字化转型若干政策措施》,提出两个阶段性目标和15条政策措施,这些措施旨在通过在应用推广、基础设施、技术创新、产业生态等方面发力,推动企业的数字化转型,夯实国民经济发展基础,有效促进国内大循环的畅通。

4.1.5 信创如何赋能数控企业数字化转型

数控机床系统涉及四大子系统,分别是:数字化研发(CAD、CAE、CAM、PLM/PDM、MBD等)、数字化制造(FMS、MES、MBM等)、装备工业安全、行业云及IOT平台。

1. 数字化研发

数控机床产品数字化研发主要流程包括产品结构设计、工艺编制、生产调试打样、批量生产,如图4-1所示。

(1) CAD

产品结构设计主要流程包括:产品零部件设计(含MCAD-ECAD交互)→装配设计→仿真验证→设计检查→出图下图等。零部件设计及装配设计

抢滩信创蓝海
粤港澳大湾区数控应用发展现状及对策研究

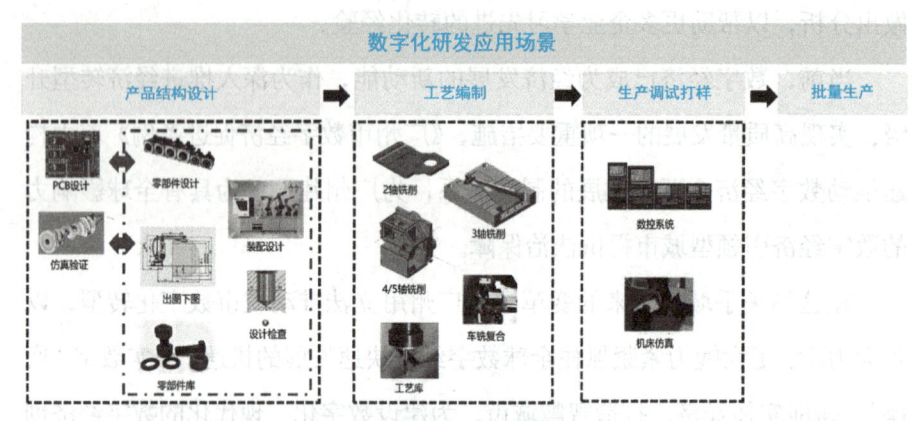

图 4-1　数字化研发应用场景

的模型数据可能来源于不同的 CAD 系统，新的三维 CAD 设计系统需要兼容多类型的 CAD 数据格式，并对可能发生的数据破坏进行修复。传统的装配设计均需要依赖人工或手动逐个装配完成，效率低下，因此需要一个自动化装配系统来实现高效无误的装配设计。同时，当前的产品设计检查多依赖人工经验，需要一个基于规则的产品设计质量检查工具来执行设计检查。在出图下图阶段，同样需要一个智能出图模块，实现与三维模型的关联更新、自动出图等功能。

此外，面向企业的众多通用零部件的设计与管理需提供一个零部件库进行标准化管理。这些工具将有效提升产品结构设计阶段的效率和质量，如 PCB 设计流程如图 4-2 所示；实现支持多类型 CAD 数据格式的导入和修复、面向复杂结构设计的装配设计关键业务活动等功能，如图 4-3 所示。

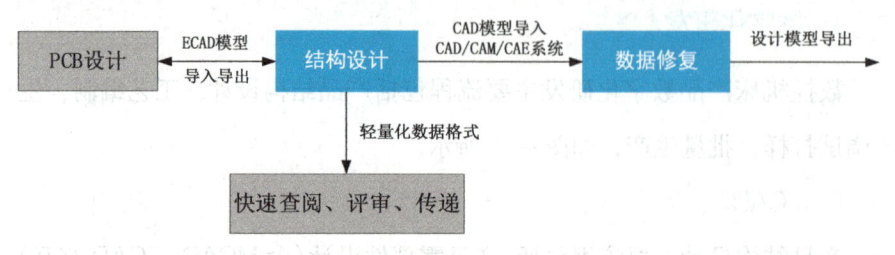

图 4-2　PCB 设计流程

第4章 信创赋能企业数字化转型
粤港澳大湾区数控领域的成功案例

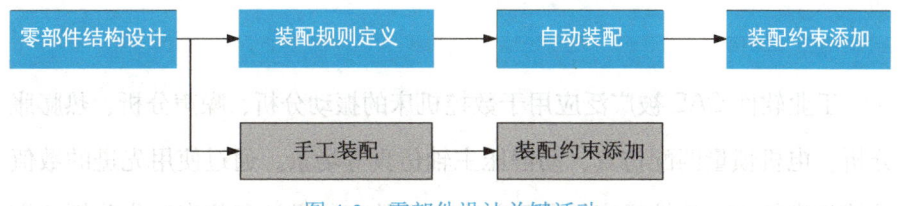

```
零部件结构设计 → 装配规则定义 → 自动装配 → 装配约束添加
              ↓
            手工装配 → 装配约束添加
```

图 4-3　零部件设计关键活动

企业以 CAD 数字化模型产品为核心，使用各自专业的研发工具软件开展设计研发工作。整合不同的研发工具，帮助研发人员协同开展工作、进行数据交互，从而实现统一、规范的管理研发过程和研发成果；并通过集中的库管理功能为研发人员提供统一、规范的基础数据，以便研发人员获得有效输入数据支持，如图 4-4 所示。

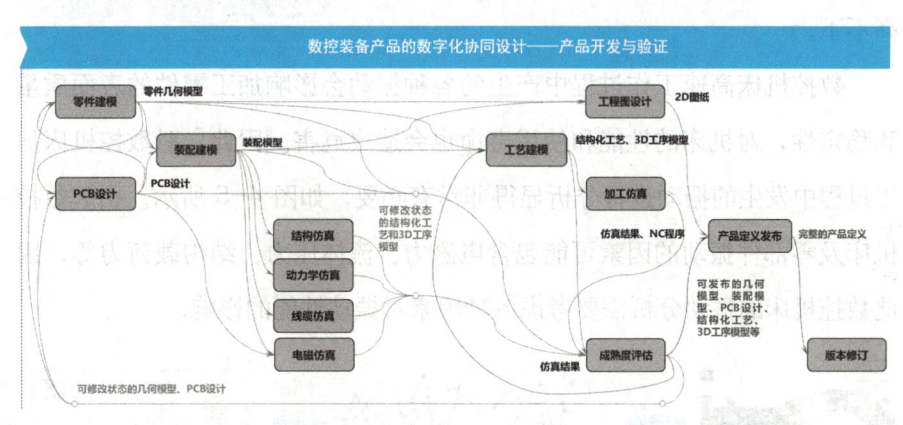

图 4-4　数控装备产品数字化协同设计

目前，数控机床行业的 CAD 软件主要使用 AutoCAD、Solidworks 等国外软件产品进行设计、看图和制作宣传资料等工作，存在一定的"卡脖子"风险，一旦使用受限，对行业的整个生产和业务的正常开展将产生致命的影响。同时，随着产品复杂度的提升、研发周期及生产周期的缩短，已出现一定瓶颈，包括：多类型 CAD 数据兼容与修复的能力不足、设计效率不高、自动化装配水平不足、出图不智能、不具备设计规则检查、零件库功能管理不足、数字化协同设计能力不足等，单靠二次开发无法深层解决问题，无法获得直接的软件技术支持。

(2) CAE

工业软件 CAE 被广泛应用于数控机床的振动分析、噪声分析、热膨胀分析、电机惯量匹配仿真、动静压主轴仿真等场景。通过使用先进的数值计算仿真软件，数控机床行业目前在产品数字化设计和仿真优化分析等方面取得了一定进展，工程师们综合运用 CAD 和 CAE 软件，使设计师的三维建模和分析验证等日常工作需求得到基本满足。国外商用仿真软件虽然功能丰富，却存在无法响应定制化需求、后台受监控、价格昂贵等问题。此外，国外商用仿真软件基于卖方市场所提供的捆绑售卖方式往往包含了许多生产企业不需要的功能，令企业在设计与仿真环节的研发成本始终居高不下。

数控机床高速工作过程中产生的各种振动会影响加工零件的表面质量和稳定性，对机床的性能和使用寿命也会造成危害。因此，对数控机床加工过程中发生的振动进行分析显得非常有必要，如图 4-5 所示。引起数控机床及零部件振动的因素可能包含电磁力、流体压力、结构载荷力等，因此数控机床的振动分析需要考虑各种因素对振动性能的影响。

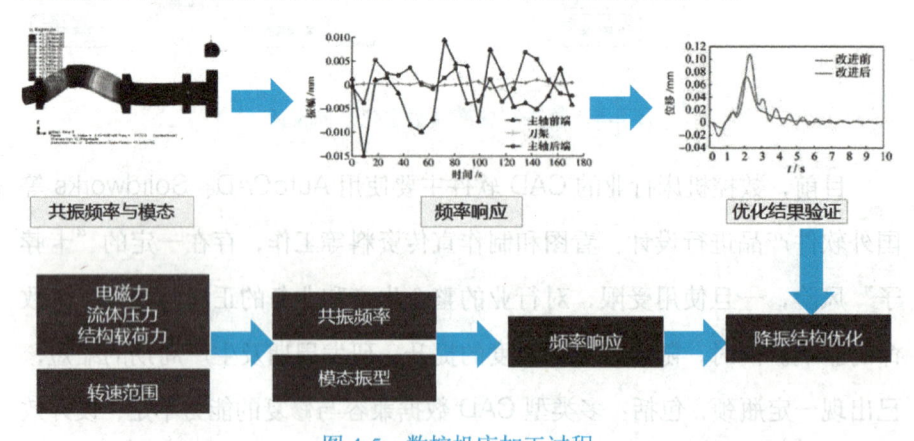

图 4-5 数控机床加工过程

数控机床噪声产生原因分为电机噪声和机床壳体振动噪声。电机产生噪声的原因有很多，一般分为电磁噪声、气动噪声、机械振动噪声。电磁噪声是电磁力作用在定子、转子间的气隙中产生旋转力波或脉动力波，使

第4章 信创赋能企业数字化转型
粤港澳大湾区数控领域的成功案例

定子产生振动而向外辐射的噪声；气动噪声是由电机转子不平衡、转子气隙压力脉动并辐射的噪声；机械振动噪声是由电机运转部分的摩擦、撞击、不平衡和结构共振形成的，主要包括轴承噪声和转子不平衡引起的噪声。同时，电机的振动激励传递给机床壳体，引发机床壳体振动；空气作为弹性体在封闭的机床壳体空腔内形成振动声腔模态，机床结构振动模态与声腔模态耦合产生噪声并放大噪声，如图4-6所示。

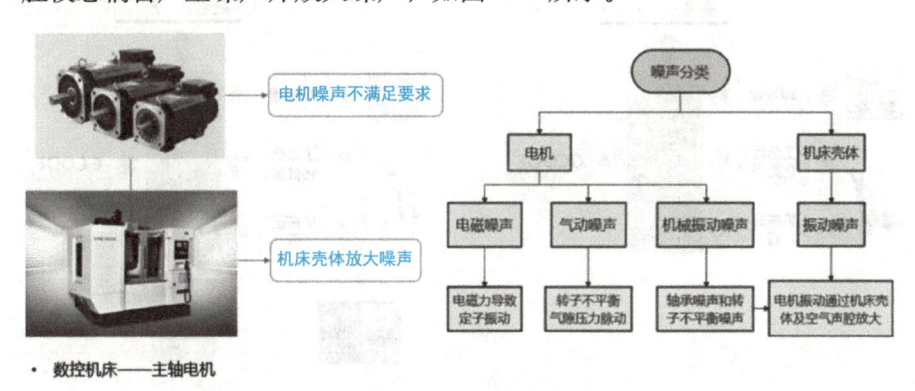

图4-6 数控机床噪声

在高速高精度机床加工过程中，几何误差、刚度误差等误差的占比越来越小，而热误差占到了机床总误差的40%~70%。热误差作为影响机床性能的重要因素之一，已经严重制约了机床加工的精度水平。机床热膨胀分析主要包括刀具切削热变形分析、主轴热误差补偿分析、机床温度及热变形分析等，如图4-7所示。

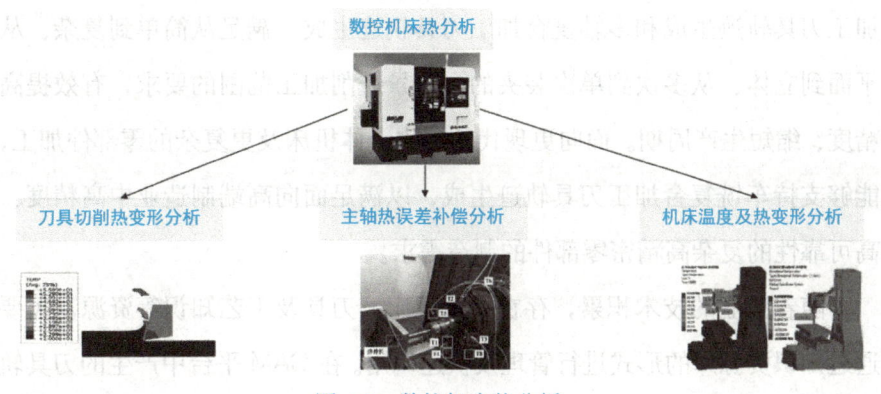

图4-7 数控机床热分析

(3) CAM

工艺编制过程中，CAM 软件在数控机床的生产制造中起着至关重要的作用。CAM（如图 4-8 所示）具备极高的专业性，影响着产品加工特别是一些高精度零部件的加工质量，核心是计算机数值控制。

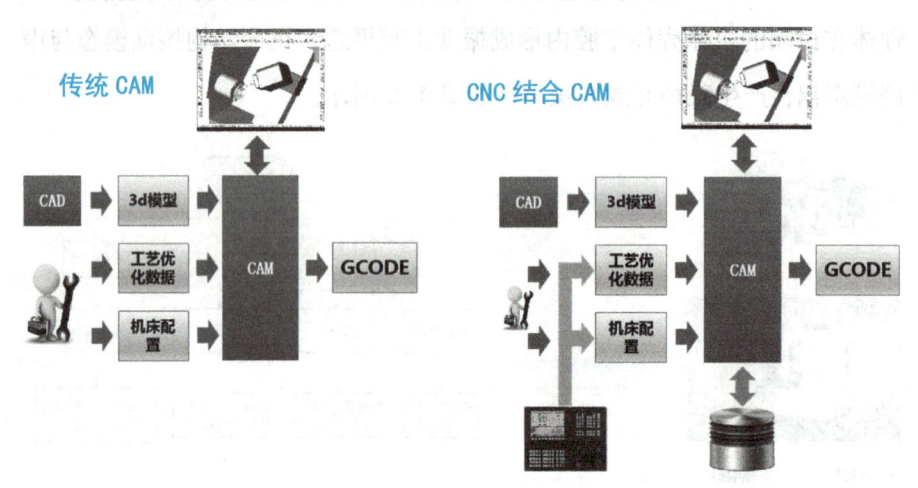

图 4-8　CAM

在数字化生产的大背景下，CAM 可直接利用签署环节生成的三维 CAD 模型，以生成驱动数字控制机床的计算机数控代码，包括选择工具的类型、加工过程、加工刀具轨迹。在这个过程中，支持导入各种类型的三维 CAD 模型数据，并进行一定的加工前处理。

针对不同复杂程度的零件，采用不同的加工策略，支持 2~5 轴的铣削加工刀具轨迹生成和多轴复合加工刀具轨迹生成，满足从简单到复杂、从平面到立体、从多次到单次装夹的全场景铣削加工范围的要求，有效提高精度、缩短生产周期。面向更现代的车铣一体机床及更复杂的零部件加工，能够支持车铣复合加工刀具轨迹生成，以满足面向高端制造业中高精度、高可靠性的复杂高精密零部件的制造需求。

随着企业的技术积累，存在大量机床、刀具及工艺知识等资源，需要通过知识资源库的形式进行管理及快速调用。在 CAM 平台中产生的刀具轨迹数据，最终需要转化成数控机床可以执行的数控代码，面向不同类型的

第4章 信创赋能企业数字化转型
粤港澳大湾区数控领域的成功案例

机床需要灵活地转换为不同格式的代码。

CAM 是与制造环节最紧密联系的软件之一，并具备一定的软硬结合特征，对于数控机床的运行至关重要，要想用好数控机床，提升加工机器的柔性，离不开 CAM 软件的技术支撑。

在实际生产调试打样及批量生产过程中，数控系统扮演着非常重要的作用，通过数字指令实现数控机床设备的动作控制。数控编程是数控加工准备的重要内容，包含零件分析、刀具轨迹计算、数控加工程序编写、程序检验等过程，针对不同复杂程度的零件加工，可灵活采用不同的编程方式，包括手工编程、自动化编程等。在进行实际加工前，可通过数控机床仿真进行精确模拟各种数控机床的程序，以预防加工程序错误、机床碰撞，或优化进给速度、提升加工效率等。另外，来自不同 CAM 软件系统的 NC 代码可能存在未经验证的隐患，所以需要从 NC 代码反求刀具轨迹，进而判断刀具轨迹的合理性并进行修复和优化，为数控系统的实际加工保证输入质量。

轴类异形件生产流程（如图 4-9 所示）如下：在车铣一体化机床上，可以通过单次装夹，完成车削、铣削、钻削、攻丝等加工工序，大大缩短产品制造工艺链，提高生产效率和加工精度。车铣复合加工的性能除了依赖车铣一体机床本身的设计水平、制造品质及其数控系统的能力，还取决于 CAM 软件的综合实力，包括车削刀具轨迹生成能力、多坐标、复合编程能力。CAM 软件能支持用户定义多个坐标系，并根据需要基于不同坐标系进行编程。最后通过坐标系转换的方式，把不同坐标系下的程序基于车铣一体机床中的加工坐标系输出成数控代码，从而实现车铣复合加工。

MBD（Model Based Definition，基于模型的定义）是一种以三维模型为核心的产品定义表达方法，即在集成的三维实体模型中完整表达产品的几何尺寸、公差和加工工艺信息，并以此作为生产制造的唯一依据。MBD 不但改变了传统以工程图纸为主的生产制造模式，而且改变了产品工程协

抢滩信创蓝海
粤港澳大湾区数控应用发展现状及对策研究

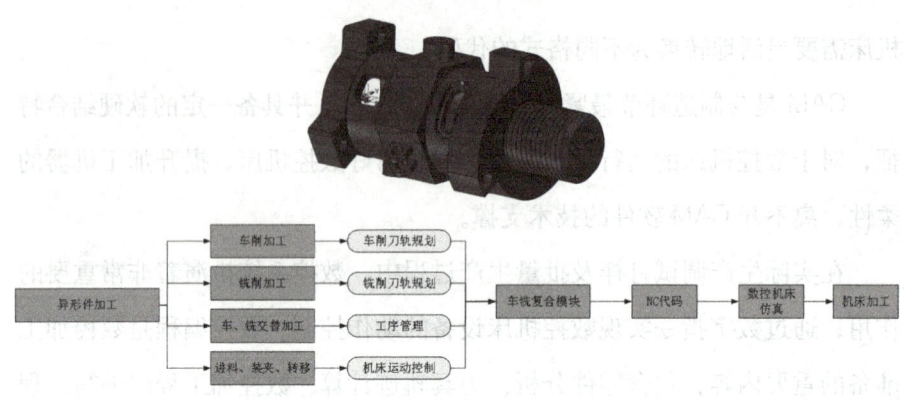

图 4-9　轴类异形件生产流程

作、产品数据发布、更改控制和分发利用的模式，使得制造企业上下游的信息传递更通畅，整个供应链体系对市场需求变化的响应更精准和迅捷，对产品相关知识的捕捉更及时和完整，企业数据资产的积累循环更高效。

　　MBD 已经成为基于模型的系统工程(MBSE)、基于模型的企业(MBE)、数字孪生（Digital Twins）等工业前沿理念最重要的基础。

　　数字化模型引入了 MBD，以 3D 模型作为研发团队协作和上下游数据传递的核心来构建研发制造一体化协同体系，如图 4-10 所示。

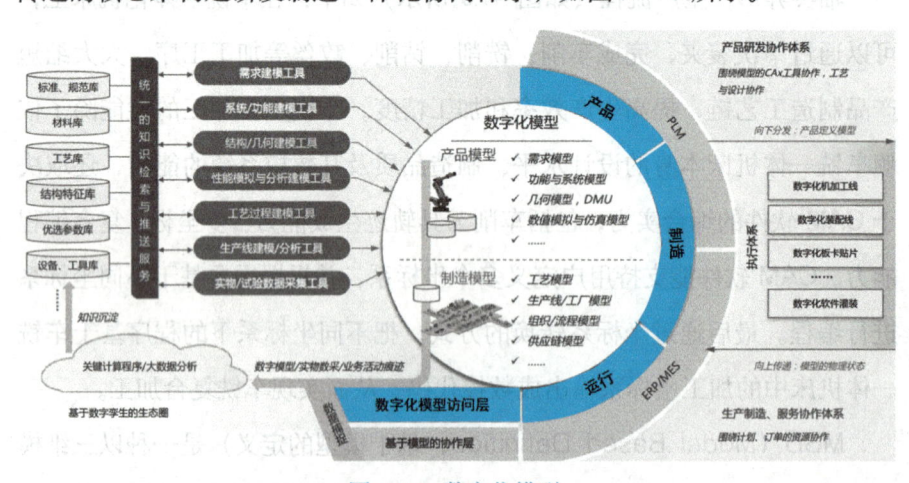

图 4-10　数字化模型

　　首先是关于产品定义表达的标准体系，即 MBD 是以 3D 模型为核心，全面覆盖产品的研发和制造体系，既包括产品 3D 模型，也包括一些非 3D

第4章 信创赋能企业数字化转型
粤港澳大湾区数控领域的成功案例

的数据（如 PCB 数据和软件数据）以及由结构化工艺和 3D 工序模型组成的工艺模型，从未来扩展的角度，还需为今后可能产生的产品、生产线/工厂模型、组织机构和流程模型、供应链模型等提供兼容底座。

其次是围绕模型的一组创作工具，最重要的是 3D CAx 的引入和定制，包括产品设计时使用的 CAD、仿真时使用的 CAE、加工仿真时使用的 CAM 等。对工具的改造在 MBD 实践中占有重要的地位，因为单纯使用 3D CAx 工具不等于 MBD。MBD 要求 3D CAx 的运用符合预期的标准，确保 3D 模型上信息的完整性，满足上下游所有相关场景的需求。鉴于机电软一体产品的复杂度及产品的价值链条上依然存在一些无法直接利用 3D 模型的环节，除了 3D 创作工具，一些非 3D 创作工具如 EDA、结构化工艺编辑工具，甚至一些普通文本编辑工具也需要做相应的标准化处理。

若使用 3D 模型作为贯通上下游工程和制造环节最重要的信息载体，这就需要在产品全生命周期中的每个场景都能够便捷地访问、使用 3D 模型，并且能够准确地提取与业务场景匹配的产品信息，即在产品工程环节、产品制造环节，甚至未来可能的产品运行环节全面提供便捷的模型访问能力。在产品生命周期的不同阶段、不同场景下，对模型访问的要求是有所不同的，如在工程阶段通常是通过 CAx 原生的方式，而在制造阶段需要使用标准交换格式（STEP、IGES 等），在运行环节使用轻量化模型等。因此，MBD 必须解决模型的访问方式问题。

在模型可便捷访问的基础上，MBD 需要保证在产品全生命周期中的每个场景所访问的模型数据的准确性，这就要求引入相关的协作机制，通过模型成熟度来确保模型数据以渐进的方式在研发和制造的不同阶段逐次发布，并且通过相应的手段控制其迭代和更改，为处于产品生命周期不同阶段的模型使用者提供一个可信赖的数据源。数据源的核心基础是一个产品全生命周期的信息集成框架，在此框架下至少提供一个以 CAx 工具协作为主的工程迭代环境，一个以 BOM 和更改控制为核心的模型数据发布中心。

抢滩信创蓝海
粤港澳大湾区数控应用发展现状及对策研究

在数据源可信的前提下，还需要提供一个受控的模型数据分发途径，即下游的制造系统在接收生产订单的同时，应该能够根据订单关联的物料信息迅速地获取相匹配的模型数据，这些模型数据需要能直接被加工设备和检测设备读取并驱动设备的运转。考虑未来的扩展，反向的数据链路即由模型产生的物理状态数据上行机制也应当被预留。无论是模型数据的下行，还是未来基于模型产生的物理数据（包括实物标识、实物的质量状态等）的上行，都有赖于模型数据发布中心与下游生产制造协作环境（通常是 ERP/MES）的互通。

最后，模型不仅是上下游产品数据传递的唯一载体，也是重要的关于产品知识的载体。在反复的工程迭代中，那些被证明是好的建模经验、典型结构特征、优选参数、成熟工艺和相关资源（如材料选用、工具和设备要求等）应当被不断识别并归纳、标准化，在新的建模过程中重复利用。MBD 相关的标准体系应通过一个个可循环迭代、不断扩展的特征库、参数库、资源库、知识库和标准规范检查程序来承载。这具体表现为：一方面，桌面 CAx 等创作工具能够自由访问这些数据库，以便在建模时体现相关标准的要求；另一方面，当模型置于某个成熟度状态时，可以通过模型检查工具来确信模型已经符合相关标准规范的要求。

MBD 依靠 CAD/CAE/CAM 和 PLM 等技术手段综合运用的协作平台来支撑。基于 MBD 的设计制造一体化协作体系攻关的目标是：借鉴国内外装备制造领域尤其是高科技企业的相关经验，构筑企业上下游基于 3D 模型的信息贯通所需的标准体系，引入自主可控的、经过定制改造和扩展的 CAx 系列工具和能力，以覆盖产品全生命周期的信息集成框架为依托，实现工程研发阶段以模型为核心的 CAx 工具协作和工程迭代，以及包括工艺数据在内的符合模型成熟度要求的模型发布和更改控制，实现生产制造阶段可直达生产加工和检测设备，并且便于相关设备和人员直接利用的模型分发，从而最大限度地缩短研发迭代的周期，避免因为数据质量而导致的质量问

第4章 信创赋能企业数字化转型
粤港澳大湾区数控领域的成功案例

题反复,在预期的成本和质量范围内,尽可能加速新产品上市。

2. 数字化制造

数控机床行业企业信息化基础普遍相对较弱,工艺和制造数据主要使用办公软件编制和管理,仿真和验证工作开展相对较少,主要靠样式或样装即实物验证为主,整个业务流程主要以人工管控为主。总的来说,数据未结构化,流程未电子化,业务未系统化和流程化,缺乏系统化、平台化的管理手段,从而导致人工管理工作量大,耗时费力,数据及知识无法共享、沉淀和复用,后期整理和查找困难;整个业务流程没有顺畅拉通,研发—工艺—制造—仿真协同水平低下,管控松散粗放,柔性低;工艺制造问题多发,很难闭环反馈形成有效控制;并且试制周期长、成本高昂,整个研制周期相应被拉长,很难快速响应市场需求。

为实现数控机床行业数字化转型,在国产化工业软件自主可控大背景下,打通研发—工艺—仿真—制造—物流数据和业务流程整个链条,实现数字化工艺、数字化制造和数字化仿真的数据管理和流程协同,为前端的结构化工艺设计及规划系统(MPM)、设计与制造融合系统(MOM)和各类仿真工具集成打下坚实统一的协同平台基础(aPaaS),如图4-11所示。

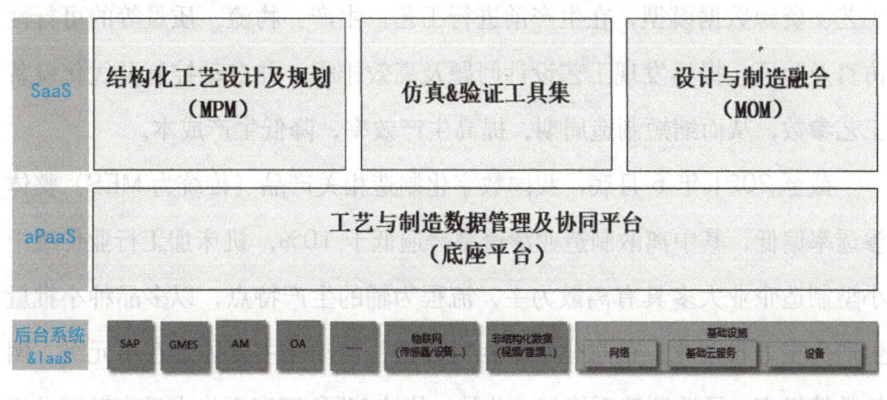

图4-11 数字化制造和数字化仿真的数据管理和流程协同

MOM (Manufacturing Operation Management,制造运营管理)是一套基于数字化、智能化工厂设计理念,为企业提供集供方协同门户、企

抢滩信创蓝海
粤港澳大湾区数控应用发展现状及对策研究

业内计划协同平台、生产与制造执行管理平台、自动化数据采集、设备集成与监控管理、全过程的产品信息追溯、智能化运营管理于一体的信息化解决方案。构建自主产权的基础技术平台，符合MESA/ISA-S95标准，基于动态领域统一建模技术，是企业内部工程、计划、物流、生产、品质部门业务体系的保障系统建设的基础。高效的计划体系、准时拉动式生产、生产过程追溯与管控、设备数字化维护、全面质量管理体系等，为从"数字化工厂"迈进"智能化工厂"打下坚实的基础。

企业管理者可以通过MOM系统，打通客户需求、采购支持、生产制造服务与订单交付各业务单元与作业单元之间的信息孤岛，即通过数字化运营，帮助企业实现内外高效协同。通过IT（信息技术）、OT（运营技术）、CT（通信技术）的融合集成，改善产品质量，降低运营成本，让经营者全方位掌控企业，快速响应市场变化，实现企业管理运营目标，以打造供应链一体化的竞争优势。

基于模型的数字化制造系统通过对人、机、料、法、环等制造资源要素进行模型构建，结合工业工程技术进行数字化工厂建模；通过集成或导入产品模型、工艺模型、订单模型，建立以生产任务活动为中心的产品、工艺、资源数据模型，在生产前进行工艺、生产、物流、质量等的可行性仿真及验证，提早发现工艺设计问题及高效排程，并自动控制及优化设备工艺参数，从而缩短制造周期，提高生产效率，降低生产成本。

截至2021年5月底，我国数字化制造相关产品（传统为MES）整体渗透率偏低，其中离散制造业渗透率普遍低于10%。机床加工行业传统中小型制造企业大多具有离散为主、流程为辅的生产特点，以多品种小批量生产为主，自动化、信息化水平相对较低，自动化主要体现在单元级，例如数控机床、柔性制造系统等。此外，传统MES厂家需为大量离散需求定制功能，造成MES系统价格高昂。MOM系统平台化将封装机加工行业的数字化模型及标准化，能快速复制推广到中小型企业，解决中小型企业数

第4章 信创赋能企业数字化转型
粤港澳大湾区数控领域的成功案例

字化转型难的问题；同时，通过大数据及人工智能技术，持续优化机加工行业数字化模型，帮助企业持续优化及转型升级。数字化制造 MOM 如图4-12 所示。

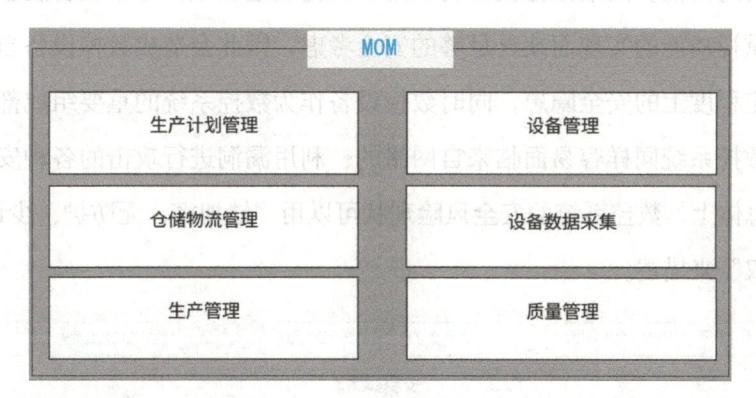

图 4-12　数字化制造 MOM

3．装备工业安全

近年，全球网络攻击事件持续频发，网络安全威胁的政治化、军事化趋势加剧，勒索软件攻击、软件供应链攻击、大规模数据窃取和隐私泄露等攻击活动泛滥，危害日益加剧，给全球网络空间安全与稳定带来严峻挑战。网络空间安全业务从传统网络安全领域延伸到云、大数据、工业控制系统等新场景，产业发展进入新阶段。根据 Gartner 2021 年产业分析报告，网络空间安全重点领域集中在网络安全、数据安全、应用安全、云安全、终端安全、安全运营等方面。据统计，全球营收 TOP20 网安企业（包括奇安信、深信服、启明星辰三家中企）的核心业务都聚焦在这些领域。

当前国内使用主流的产品大部分是国外厂家的数控生产设备核心系统，特别是具有高速、精密、智能、复合、多轴联动、网络通信等功能的高端数控机床大均全套引进国外厂家数控系统，如台达、西门子、发那科等数控系统。然而这些引进的产品和技术对国内用户采用封闭措施，我们无法掌握其核心技术，大大增加了设备的不可控因素。装备工业安全整体图如图 4-13 所示。

抢滩信创蓝海
粤港澳大湾区数控应用发展现状及对策研究

此外，成熟的信息技术和互联网技术正在不断地被引入工业控制系统，这必然因为需要与其他系统进行互连互通互操作，从而打破工业控制系统的相对封闭性。高端数控设备均应用于关键制造领域，导致设备在初始设计时重视功能的实现而缺乏足够的安全考虑，因此会造成数控设备自身存在一定程度上的安全隐患，同时数控设备作为数控系统的重要组成部分，整个数控系统同样容易面临来自网络的、利用漏洞进行攻击的各种安全威胁。总体上，数控系统的安全风险现状可以用"缺加密、无防护、少认证、弱授权"来描述。

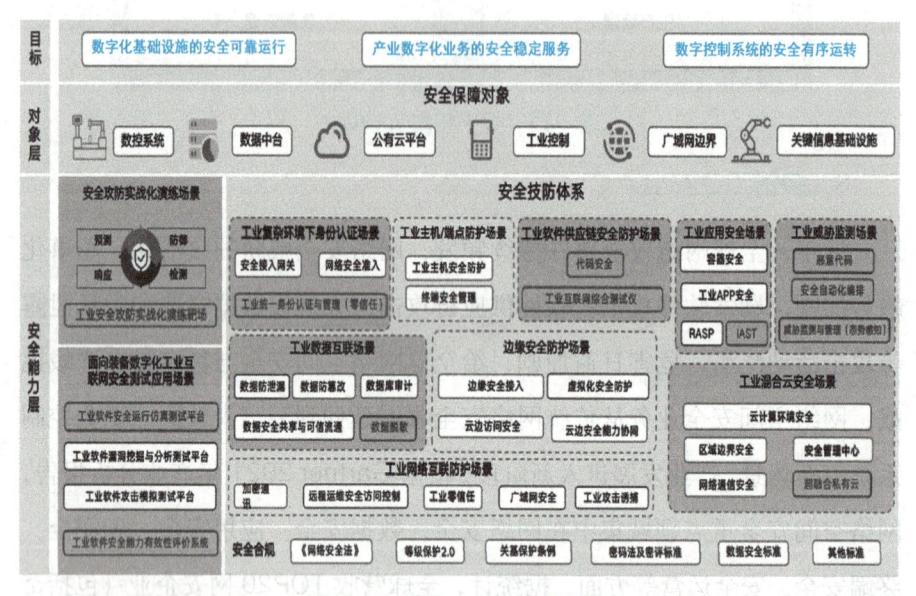

图 4-13 装备工业安全整体图

随着数字化、网络化和智能化的发展，网络安全威胁日益重要。同时，现有工业领域仍存在信息安全防护水平偏低、管理力度稍显不足、防护措施不到位、从业人员安全意识不强和高端技术人才匮乏等问题。

装备工业安全需针对数控机床行业进行专业的安全评估检查，针对企业工控系统需要满足政策监管的合规性，针对企业工控系统安全保障进行统一规划建设，针对企业工控系统网络安全事件进行专业的应急响应，针对企业工控系统的定制化网络攻防演习，针对企业工业软件、工业智能终端等设备的上线前检测、渗透测试等进行安全检测。

装备工业安全模块如图 4-14 所示。

4．行业云及 IIoT 平台

我们需要清楚认识到，我国工业大数据产业在发展不断优化提升的同时，仍存在物联数据无法获取、格式不统一、数据产权不清晰、数据壁垒难以打破、全产业链数据应用不足等问题。

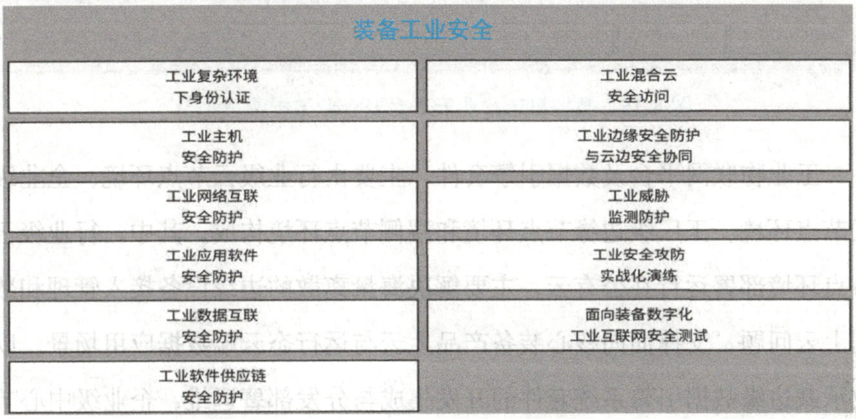

装备工业安全	
工业复杂环境下身份认证	工业混合云安全访问
工业主机安全防护	工业边缘安全防护与云边安全协同
工业网络互联安全防护	工业威胁监测防护
工业应用软件安全防护	工业安全攻防实战化演练
工业数据互联安全防护	面向装备数字化工业互联网安全测试
工业软件供应链安全防护	

图 4-14　装备工业安全模块

其主要原因在于：第一，在我国国产工业软件、高端物联设备核心技术供给不足，而国外设备读写不开放，数据无法读取或者格式多样，无法直接利用；第二，面对体量大、分布广、结构复杂、类型多样化的工业数据，目前工业行业整体数据资源管理水平不足，难以管理企业内部和外部各类数据，更无法充分分析和利用；第三，缺乏可用、好用、可信的工业大数据平台，难以充分利用工业全产业链上下游的数据，以实现人、机、物等各类工业要素、工业业务流程以及产业链上下游企业间更大范围地实施链接和智能交互，以推动工业生产的资源优化、协同制造和服务延伸。

依托国家政策导向与明确的战略目标规划，围绕数控机床行业产品，以产品研发测试阶段数字化、产品制造阶段数字化、产品运行态数字化为工作主线，构建数控机床行业云平台及企业数据治理平台，如图 4-15 所示。

抢滩信创蓝海
粤港澳大湾区数控应用发展现状及对策研究

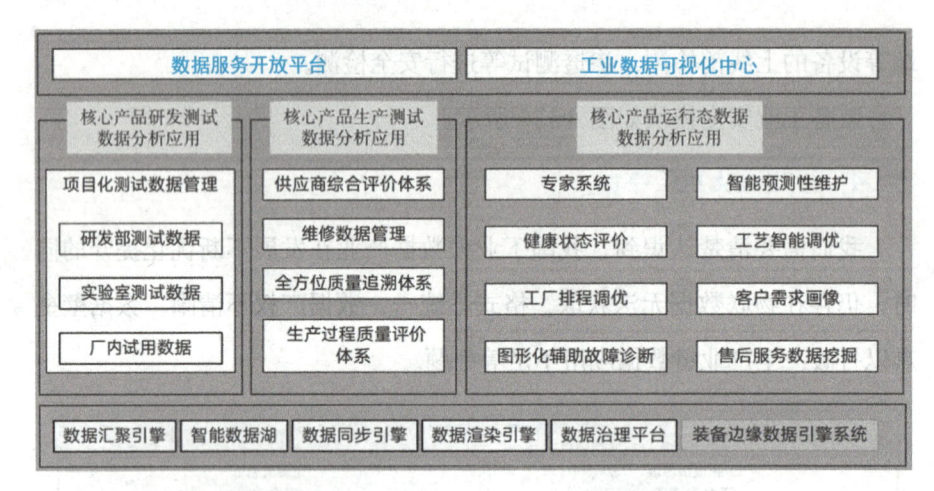

数据服务开放平台		工业数据可视化中心
核心产品研发测试 数据分析应用	核心产品生产测试 数据分析应用	核心产品运行态数据 数据分析应用
项目化测试数据管理	供应商综合评价体系	专家系统 / 智能预测性维护
研发部测试数据	维修数据管理	健康状态评价 / 工艺智能调优
实验室测试数据	全方位质量追溯体系	工厂排程调优 / 客户需求画像
厂内试用数据	生产过程质量评价 体系	图形化辅助故障诊断 / 售后服务数据挖掘
数据汇聚引擎 / 智能数据湖 / 数据同步引擎 / 数据渲染引擎 / 数据治理平台 / 装备边缘数据引擎系统		

图 4-15　数控机床行业云平台及企业数据治理平台

　　工业物联网平台及数据引擎套件，主要由行业级云节点环境、企业级云节点环境、工厂级边缘节点环境和端侧节点环境构成。其中，行业级云节点环境部署运行在公有云，主要解决海量离散的边缘设备接入管理和数据上云问题，支撑面向核心装备产品上云与运行态云端数据应用场景，以及承载边缘数据引擎系统套件的开发集成与分发部署运维；企业级中心节点环境部署运行在企业私有云，主要解决核心产品研发测试过程和生产测试过程数据采集、汇集存储与处理分析问题，支撑企业核心产品研发测试阶段数字化应用和生产测试全景数据应用场景；工厂级边缘节点环境部署运行在企业自有工厂或者客户工厂的边缘计算服务器上，主要解决制造现场设备及工控子系统的数据采集、解析、处理、计算、分析与交换问题，支撑装备边缘数据智能应用场景和数字化制造应用场景；端侧节点环境部署运行在产线现场的工控机或者网关上，主要解决设备协议驱动与工业数据采集、OT 与 IT 的互连互通互操作问题，支撑工业现场控制类应用和核心装备数据上云场景。

　　行业级云节点环境运行在数控行业公有云平台上，主要支撑面向广州数控的上下游客户的两类数字化应用场景：以产品智能维修为核心的设备运行态云端数据应用、以生产工艺优化为核心的边缘数据应用，包括但不

第4章 信创赋能企业数字化转型
粤港澳大湾区数控领域的成功案例

限于 IIoT 行业级节点平台、边缘数据引擎系统套件,如图 4-16 所示。

结合上述提到的数控系统涉及的四方面,可以清楚地了解到生产过程中的各阶段涉及的技术及相关应用软件的使用情况,国内的技术仍然比较落后,采用其他国家的核心技术可能被禁止使用,导致生产企业蒙受巨大的损失;面对他国的制裁,应用领域同样会受到限制;信息安全的风险较大,可能给国家信息安全带来危害。大力推进信创产业的发展目的就是将核心技术国产化,不遭受"卡脖子"的困境,实现自立自强。信创产业的发展密切关系到数控行业、数控企业的数字化转型,信创产业的成功必定赋能企业数字化转型,实现企业数字化的目标。

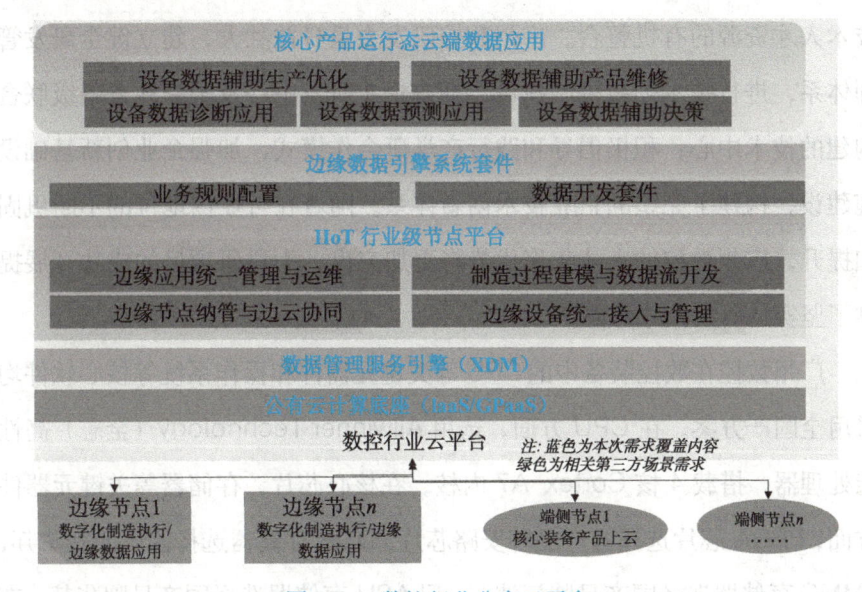

图 4-16 数控行业公有云平台

4.2 粤港澳大湾区数控领域成功案例

4.2.1 广州数控企业案例

广州数控设备有限公司(简称"广州数控")成立于 1991 年,主要从

· 143 ·

抢滩信创蓝海
粤港澳大湾区数控应用发展现状及对策研究

事机床数控技术、工业机器人技术等研究，历经30多年的拼搏与努力，由20多人的集体所有制企业发展成为集科、教、工、贸于一体的高新技术企业，被誉为"中国南方的数控产业基地"。其主营业务包括：GSK机床控制系统、交流伺服驱动装置和伺服电机、主轴伺服驱动装置和主轴电机；GSK系列工业机器人；GSKAEz系列全电动精密注塑机；数控机床销售及机床数控化改造；高技能人才培训。

广州数控组建了规模化、专业化的研发队伍。借助产、学、研、用结合的研发模式，通过技术委托开发和成立联合研发中心，引入多位科研教授、硕士研究生、博士研究生等研究人员共同参与核心技术开发，实现了技术人才资源的有机整合。广州数控研发力量日益壮大，建立健全研发管理体系，进行技术创新机制建设，拥有企业研发中心及国家地方各级联合构建的技术中心；积极倡导和践行产学研合作模式，加强企业创新基础设施建设，构建了完整的企业技术创新体系。随着在行业内地位的不断巩固和提升，广州数控的人才集聚优势将更加突出，为科研项目的成功开展提供了坚实的研发人才保障。

广州数控在数控装备中的CPU等关键元器件和操作系统等核心软件均采用全国产方案。在CPU方面，选用Allwinner Technology（全志）高性能处理器，搭载4核Cortex-A7内核。在核心芯片、存储器等关键元器件方面，FPGA芯片选择国产品牌安路芯片，DDR存储器选择国产品牌华邦，EMMC存储器选择国产品牌江波龙，FLASH存储器选择国产品牌华邦。在嵌入式实时操作系统方面，数控装置选用国产实时操作系统SylixOS（翼辉信息技术有限公司开发的大型嵌入式硬实时操作系统），支持SMP多核和多进程，具有丰富的文件系统、网络系统，提供众多设备驱动支持。

在伺服驱动硬件方面，同样基于国产DSP、FPGA、IGBT等国产器件模块进行设计：功率模块采用国产IGBT，选择国内厂家斯达IGBT；DSP芯片选择国产品牌进芯，能够满足现有GR系列伺服产品开发资源需求，

第4章　信创赋能企业数字化转型
粤港澳大湾区数控领域的成功案例

保证其产品性能；FPGA 选择国产品牌安路 20 KB 容量芯片；总线通信芯片采用深圳锐芯。

在数控系统软件适配方面，面向国产 CPU、操作系统的数控系统软件适配研究项目，研究软件成果有国产平台数控装置软件与国产平台伺服驱动软件，应用形成国产平台数控装置和国产平台伺服驱动，即国产平台数控系统。

(1) 实现基于国产平台的数控装置

国产平台数控装置(如图 4-17 所示)的软件能与选用的国产核心芯片、操作系统良好适配，功能指标能达到现有的非国产平台数控装置同等水平：

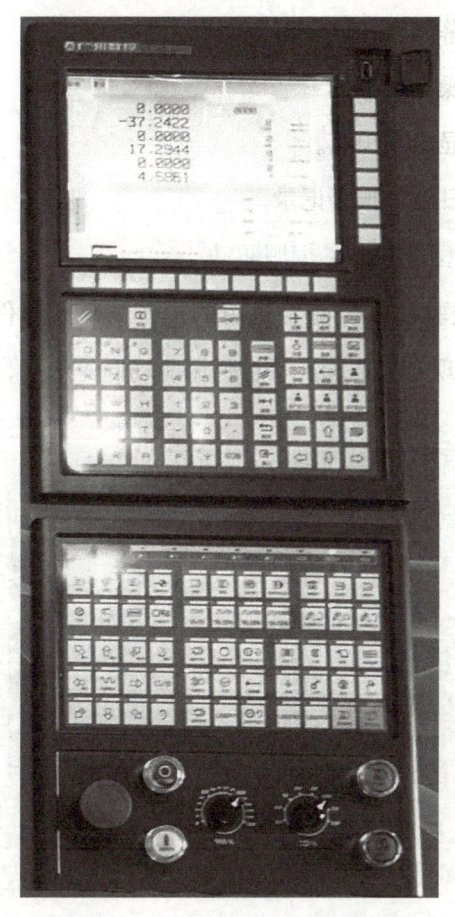

图 4-17　国产平台数控装置样机

- 通信周期、指令精度及控制轴数与国产平台适配前数控系统相当。
- 支持直线插补、圆弧插补、螺旋插补等插补功能。
- 支持高速小线段程序加工。
- 支持 S 型加减速控制。
- 支持样条拟合功能。
- 支持 EtherCAT 总线。
- 支持 PLC 在线编辑、监控。
- 支持多种 PLC 功能指令。
- 支持反向间隙补偿和螺距误差补偿。
- 支持全屏幕编辑和程序后台编辑。
- 具备多级操作权限。
- 支持图形显示及预览。
- 支持操作日志、报警记录。

（2）实现基于国产平台的伺服驱动

国产平台伺服驱动软件能与选用的国产关键元器件设计方案良好适配，功能指标达到现有的非国产平台伺服驱动同等水平，如图 4-18 所示。

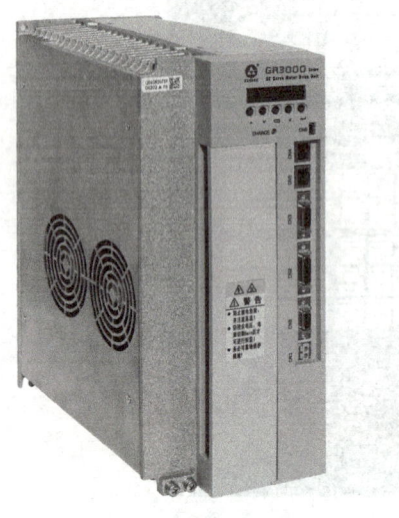

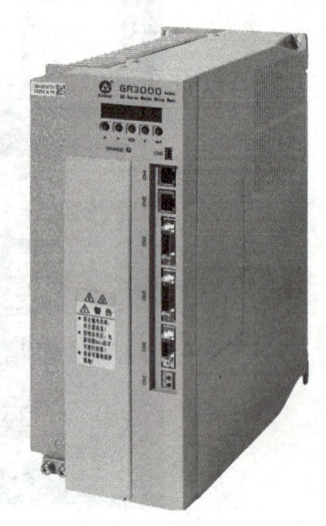

图 4-18　国产平台伺服驱动样机

- 伺服外部接口：编码器反馈接口，电源输入，电机电源接口，总线接口。
- 显示与操作：操作面板，显示菜单，状态监视，参数设置，参数管理。
- 运行：手动运行，点动运行，GSK-Link总线通信及控制运行。
- 报警功能：主回路过压，主回路欠压，位置超差，编码器异常，过负载报警，制动时间过长，缺相报警，编码器数据错误，GSK-Link通信报警。
- 伺服功能调试：电机方向切换，电子齿轮比，电机抱闸功能，位置控制，位置增益参数调试，速度控制，速度增益参数调试。

根据上述案例，国产替代的目标基本实现，功能和可靠性与当前世界上主流的数控系统、数控装置相差无几。国产产品和服务替代的成功为接下来推进企业数字化转型带来了新的动力。

4.2.2 凯特精机企业案例

1993年成立的广东凯特精密机械有限公司（以下简称"凯特精机"）属于国家高新技术企业，业务范围为精密滚动功能部件的研发、生产和销售，目前已具备独立研究、开发、设计等重要能力。凯特精机先后引进了由意大利、日本、美国、德国等生产的超精密导轨、滑块磨床，以及惠普激光测量仪、东京精密轮廓仪等先进的精密滚动直线导轨副专用生产设备和检测设备。凯特精机以补充国内高精密直线导轨产品的空白、助力国产导轨的崛起，以打破行业的发展现状为目标，始终将独立自主研发放在第一位。

凯特精机不仅自主研发了多项可与欧洲和日本等国家和地区相媲美的核心产品，还完成了一系列滚动直线导轨副专用的检测设备和试验设备的研发，并获得多项国家发明专利。

凯特精机先后荣获"广东省高新技术企业""广东省专精特新中小企业"

抢滩信创蓝海
粤港澳大湾区数控应用发展现状及对策研究

"精心创品牌十佳企业""自主创新十佳企业""振兴装备制造业中小企业之星——明星企业""专精特新（小巨人）"企业等称号，被认定为"广东省省级精密导轨副工程技术研究中心"和"江门市工程技术研究中心"。

凯特精机从未停止创新的步伐。近年推出的高性能部件——阻尼器、钳制器、自润滑器能大幅提高机床阻尼抗震性能、定位精度，为数控机床及机械装备的升级提供了关键性的技术支持，可以与德国、日本等国家的技术相媲美。

20 世纪 70 年代至 80 年代中期，除日本、美国和西德有少数厂家已形成批量生产滚动直线导轨副外，其他地区仅少量生产，在东南亚、非洲及南美洲、大洋洲尚为空白。在我国，由于对滚动直线的理论研究和产品开发尚处于起步阶段，生产也仅限于仿制阶段。凯特精机在此背景下成立，注定背负着行业和民族使命。凯特精机从自主研发到助力国产，实现了这一宏愿与初心。

在国家大力推进的企业数字化转型浪潮中，为加快数字化转型的步伐，凯特精机将产业优势通过数字化的形式持续扩大，将数字化的方式贯穿生产制造、生产管理和售后服务，建成了数字化工厂。

4.2.3 昊志机电企业案例

广州市昊志机电股份有限公司（以下简称"昊志机电"）成立于 2006 年，是一家专业从事中高端数控机床、机器人、新能源汽车核心功能部件等的研发设计、生产制造、销售与维修服务的国家高新技术企业，秉承"立足自主技术创新、服务全球先进制造"的发展战略，逐步发展成为国内外主轴专业领域中研产销规模最大的企业之一，电主轴领域的全球市场占有率居第一位。

昊志机电立足主轴行业，借助在研发、制造、客户、品牌等方面的积

第4章 信创赋能企业数字化转型
粤港澳大湾区数控领域的成功案例

累,稳步向数控机床和工业机器人等高端装备的核心功能部件领域横向扩展,目前产品涵盖 PCB 钻孔机/成型机/划片机电主轴、数控金属/玻璃雕铣机电主轴、数控车床主轴/电主轴、走芯车床电主轴、直结与皮带式机械主轴、加工中心电主轴、钻攻中心电主轴、高速内/外圆磨床主轴、木工雕铣机电主轴、高光及超精加工电主轴、超声波电主轴、液静压主轴、铣削动力头、末端执行机构、刀柄夹头、数控转台、直线电机、谐波减速器、数控系统、伺服电机、驱动器、传感器、燃料电池压缩机、曝气鼓风机、直驱类高速风机等数十个系列上百种产品。

昊志机电一直以"实现产品的全面进口替代"为目标,聚焦于高精密机电一体化的零部件领域,主要涉及研发设计、生产制造,以及销售和维修服务。业务主要有数控机床、工业机器人核心功能部件、直驱类高速风机三大板块,生产的产品为主轴、机器人减速器、直线电机和节能环保领域的燃料电池压缩机、曝气鼓风机等。

昊志机电的核心是瞄准中高端机床的核心功能部件产品和零配件制造,构建完整的产业链,如数控机床和机器人等的相关核心功能部件。

2020 年 1 月 6 日,昊志机电在瑞士举行并购 Infranor 集团交割签约仪式,标志着昊志机电国际化取得了突破性的进展。Infranor 集团始建于 1941 年,自 1959 年以来一直专注于工业自动化领域,拥有几十年的运动控制行业经验,是享誉欧洲的工业自动化驱动及控制系统设备供应商,致力于向客户提供优质的数控系统、伺服电机及伺服驱动器等运动控制产品及解决方案。其运动控制产品主要包括:全系列精密伺服电机及驱动、精密交流伺服电机、高动态超精密伺服电机、盘式交流伺服电机、低压无刷伺服电机、真空伺服电机、全不锈钢防水伺服电机、空心轴伺服电机、盘式直流伺服电机、直线电机、多轴控制系统及各类伺服驱动等,广泛用于各领域。

通过此次并购,昊志机电拥有了世界先进的技术、经验、品牌、团队和营销渠道,对公司各大业务板块提供了有力支持。未来,昊志机电计划利用所收购的 Infranor 集团的先进技术和经验，在电机、驱动等领域推动产品的研发和性能升级，尤其在主轴、谐波减速器、直线电机、驱动、电机、传感器等领域，通过系统化的 R&D 和运动控制产品的有效组合，提升整体业务的核心竞争力。

昊志机电的企业数智化规划分四步走。一是通过信息化的收集数据初步建设数字化工厂、透明工厂，通过 IIoT 物联网实现关键指标数字化；二是通过精细排产、实时能力等实现计划指导型工厂；三是通过实行国产化替代方案，建成自主调控的、低成本的柔性化工厂；四是预计在 2025 年建成高度集成建成的智慧工厂。智慧工厂由七大模块构成，分别是：智能园区管理、智能仓储物流、智能研发管理、智能车间制造、智能品质控制、智能产品服务和智能决策支持。同时，智慧工厂的实现以自动化、信息化、智能化为支撑。

4.2.4 成功企业案例 PEST 分析

自改革开放以来，国家和地方政府出台各项政策，特别是 2001 年中国加入世贸组织后，经济蓬勃发展。其间，全国各地陆续诞生了许多公司，一部分企业经过多年的努力，已成为国内某行业的佼佼者。上述三家在数控行业极具代表性的企业——广州数控、凯特精机、昊志机电等获得如此成就并不是自然而然的，他们的成功是有迹可循的，甚至是可以进行复制的。接下来运用 PEST 分析法，分别针对这三家企业的成功进行详细分析，以期为国内其他微小数控企业提供借鉴，使得企业能够结合自己的具体实际，汲取成功企业经验，走出一条属于自己的成功之路。

1. 数控行业政策环境剖析

根据我国国民经济"九五"计划至"十四五"规划，国家对数控机床行业的支持政策历经了从"改进机床质量"到"重视数控机床"再到"大

第4章 信创赋能企业数字化转型
粤港澳大湾区数控领域的成功案例

力发展高端数控机床"的演进。

"九五"计划（1996—2000年）时期，国家层面注重提升数控机床的性能；"十五"计划（2001—2005年）时期，国家将数控机床的发展放到重要位置；从"十一五"规划开始，明确了开发高档数控机床，研究数字化与智能化控制单元；"十二五"至"十三五"期间，明确了要大力发展数控机床，并突出了高端数控机床这一重点。到"十四五"时期，根据《中华人民共和国国民经济和社会发展第十四个五年规划和2035年远景目标纲要》，推动高端数控机床创新发展成为"十四五"时期的重要任务。2006年以来，国务院、国家发展和改革委员会、工业和信息化部等多部门都陆续印发了支持、规范数控机床行业的发展政策，内容涉及制造业转型升级指南、数控机床设备规范、数控机床国产化率、数控机床产业集群等内容，截至2021年7月，国家共计发布了17个数控行业相关的政策。

广东省为响应国家政策，于2021年4月、6月分别发布了《广东省制造业数字化转型方案》和《广东省国民经济和社会发展第十四个五年计划和2035年远景目标纲要》，支持广州、深圳、佛山、东莞、中山打造高端数控精密加工设备和激光装备产业基地，加快高档数控机床系统研发应用，推动安全可控计算机辅助设计软件与高端数控机床的适配应用，建立基于数字化技术的装备运行状态监控体系和加快建设珠江西岸先进装备制造产业带，重点发展高端数控机床。

广州数控、凯特精机和昊志机电的成功立足于政策资源倾斜，与国家地方政策密切相关，也是将国家地方政策落到实处、踏踏实实走过来的。

2．数控行业经济环境剖析

经济是所有行业的血液，粤港澳大湾区经济不断向好，这同样会带动数控行业的巨大发展。在这些企业的发展过程中，粤港澳大湾区活跃的经济环境为他们提供了适宜发展的温床。目前，粤港澳大湾区的经济活力依

抢滩信创蓝海
粤港澳大湾区数控应用发展现状及对策研究

旧强劲，活力四射。

3．数控行业社会环境剖析

粤港澳大湾区拥有明显的地理、区位优势，粤港澳大湾区引领中国经济的发展，一直保持高速增长态势，其 GDP 经济增速高于纽约湾区、旧金山湾区和东京湾区，面积、人口和外贸总额已远超这三个湾区，经济总量仅次于东京湾区。粤港澳大湾区在过去的几十年时间里展现出强大的虹吸能力，不断吸引国内和国际上的人才前来发展各类产业，数控行业也不例外。数控行业的人才涌入广州数控、凯特精机、昊志机电等企业，造就了他们今日的成功。

4．数控行业技术环境剖析

尽管在过去的时间里，国内很多行业的基础核心技术较欧美国家和地区还有很大差距，但是随着时间的推移和发展，产业链一步步完善，粤港澳大湾区逐步成长为产业规模领先、黏度强的经济活跃体，"需求侧"驱动发展态势明显，在数控机床方面有着完整的产业链和相匹配、相适应的数控机床产业集群，始终具有强大的应用市场优势。

Chapter 5

第5章
信创缔造产业蓝海
粤港澳大湾区数控产业集群发展对策

本章针对粤港澳大湾区数控产业集群如何抢滩"信创"蓝海这个问题的应用发展现状及对策研究进行介绍，追溯信创产业的历史演进，分析"信创"赋能数控产业领域现有进展，对两者交汇下粤港澳大湾区数控产业集群的未来发展进行梳理，整理出先前的研究人员对产业集群的形成条件、产业集群的竞争优势等方面的一般认识，取长补短，总结经验并作为研究的理论基础；通过深入了解粤港澳大湾区数控产业集群发展的现状，以"信创"赋能粤港澳大湾区数控产业集群为核心进行SWOT分析，即其优势、劣势、机会和威胁，使用PEST模型围绕粤港澳大湾区信创产业进行剖析；研究具有代表性"信创"赋能企业数字化转型的典型案例并进行横向比较，以更好地洞悉粤港澳大湾区数控产业集群目前的发展状况；通过上述研究，提出推进粤港澳大湾区数控产业集群的对策建议，为当地数控产业集群的发展提供观点和参考。本章将主要从锻长板战略（SO）、扭转型战略（WO）、多元型战略（ST）、防御型战略（WT）四个层面提出发展规划的建议，便于后续相关部门的行为选择及发展规划具体目标的制订。

5.1 战略整体思考

5.1.1 锻长板战略：抓住机会发挥优势

锻长板战略（SO）是融合机会与优势的思路，即企业主体可以凭借内部优势去获得外部的机会。粤港澳大湾区作为中国的产业经济发展区，更加应该着眼于"锻长板"战略，学会抓住机会利用优势。"锻长板"战略对于粤港澳大湾区数控产业集群的建设有着重要的推动作用，也就是需要用心去塑造出不依赖于国外且具有中国技术和产品特色并领先世界的产品和服务。粤港澳大湾区通过"锻长板"既可以在已有产业链的关键环节上实现赶超和领跑，也有助于抓住在新技术革命引发的新兴产业发展浪潮中保持与世界各国处于同一起跑线上的机会，从而带来颠覆性创新的不断涌现，进而有利于把新兴产业培育成世界级产业集群，以此提高产业链的可持续性和对全球产业链和价值链的控制力。第 5.2 节将从围绕如何"锻长板"的三个方向，即科技支撑计划、国家重大科技专项、机床工具行业"十四五"发展规划，进行详细阐述。

粤港澳大湾区发展数控产业必须抓住的机会——信创。信创产业作为国家"十四五"发展目标的重要抓手，国家和广东省政府均大力投入资金人力，以快速推动信创产业的发展。粤港澳大湾区优势不仅在于区位优势明显、产业基础好，而且该区域内的市场容量大、企业发展潜力大、人力资本水平高、制度环境好等，因此，位于该区域的数控机床企业势必要抓住机会锻造出具有自身特色的长板，努力成为具有可持续发展潜力的优秀大湾区企业，以助力粤港澳大湾区数控产业抢占未来产业创新发展的制高点。总体而言，我们可以将"锻造长板"如同打造成一个"杀手锏"，粤港澳大湾区数控产业需要抓住信创机遇，实现锻造自我长板，拉开差距，这将有助于增强自身对外的抗衡能力。

5.1.2 扭转型战略：凭借机会扭转劣势

扭转型战略（WO）是指当环境提供的机会与企业内部资源优势不相适应时，企业需要抓住现有环境提供的资源与机会，以扭转内部资源劣势向优势方面进行转化，从而迎合或适应外部机会。"锻长板"和"补短板"是相辅相成的，"补短板"则是在重要产业链或产业链的关键环节上缩小中国与世界领先水平的差距，扭转当前相对滞后的局面，减少对国际供应链的依赖。根据目前形势判断，信创领域自主可控是未来必然趋势，而如何在这一信创大背景下去进一步充分发展数控产业是目前各企业需要尽快解决的难题。第 5.3 节将针对粤港澳大湾区数控企业目前定位提出扭转型战略，即：提高创新能力，实现可持续发展；促进基础、共性技术的研究；推动工程化、产业化进步；培养人才，打造人才高地。

整体上，我国信创技术水平已进入可用阶段，且信创产品的大规模应用雏形已现。近期，市场信创和数字经济方向接连走强，在国家安全需求和政策资金支持下，信创行业长期基本面得到支撑，后续有望成为计算机领域的投资主线之一。从产业链发展机遇来看，信创生态体系大体分为基础硬件、基础软件、应用软件和信息安全四大类，本书讨论的数控产业类属于其中之一。第 3 章明晰了数控产业集群面临的"卡脖子"技术问题，即企业若在信创产业快速发展的过程中，找准产业链上下游的对接适配标准，则对于核心技术和关键环节的"卡脖子"问题将迎刃而解。同时，在战略意义和政策倾斜的加持下，信创需求有望实现加速落地，未来信创产业有较大可能是集中布局的方向。因此，粤港澳大湾区数控企业应抓住信创机遇，努力凭借机会扭转劣势。

5.1.3 多元型战略：结合优势占领市场

多元型战略（ST）是指当企业进入与现有产品和市场不同的领域时，将以一个相对崭新的领域谋求发展的战略。企业之所以会考虑选择多元化战略发展的最现实的原因是对现状不够满意，如目前的产品或市场无法达到预期目的、自身的优势并未完全发挥，力求通过改变现状进而去实现更好的发展。第 5.4 节将围绕粤港澳大湾区数控产业集群未来发展方向提出三种多元型战略，即：培养"龙头"核心技术，扩大市场占有率；整合产业资源，形成集聚效应；提升绿色制造水平，实现可持续发展。

处于粤港澳大湾区的数控产业集群应充分灵活利用好自身的区位优势，一方面，要抓住大环境下信创的兴起带来的"一片红利与蓝海"，另一方面，如第 5.1.1 节提到粤港澳大湾区为数控带来的地理优势与相关经济带动因素。多元化经营是企业发展的普遍性选择，成功与否的关键在于多元化经营所采用的战略思想、实现手段、企业实际资源等方面，重要的是企业是否能获利。如果领导人能够意识到利用此战略去充分推动企业发展，就需要严谨把控多元化发展业务，保持清醒头脑、避免发展阻碍该企业前进的业务模块。因此，在多元型战略中，数控产业集群需得结合自身优势，尽最大可能去规避威胁因素，以自身优势与机遇作为踏板去占领市场。

5.1.4 防御型战略：面对劣势防御威胁

防御型战略（WT）是指当企业内部劣势与企业外部威胁相遇时，企业将面临严峻挑战和生存危机。此时，企业应主动减少内部弱点，以积极主动的方式去应对外部威胁。第 5.3 节将对于信创环境下大湾区数控产业的劣势和威胁进行讨论，明确指出大湾区数控产业现存的劣势和威胁并加以分析，当在面对劣势而采取何种具体防御性战略被困扰时，第 5.5 节将提出三种解决方式，即：创新发展，以实现跨越发展的目标；行业发展值得注意的若干倾向性问题；畅通供应链循环。

　　事物具有两面性，信创给我们带来了机会，同时也伴随着挑战。出色的企业在应对市场变化时通常表现出较强的灵敏度和应变能力。位于信创环境中的粤港澳大湾区数控企业应具备以上特质，以充分利用信创带来的机遇，并灵活处理其产生的威胁与阻碍。市场机会亦有正反面之分，正面即盈利，反面即不利因素，而如何有效化解常常是企业发展的难题。其关键解决点在于环境因素的特性，以及企业中优势与劣势的结合状况。最理想化的市场机会指的是与企业优势匹配吻合度高，规避企业弱势，从而避免消耗企业资源。因此，粤港澳大湾区在发展数控产业的过程中，要尽可能减少内部劣势，并规避外部威胁，以更好地利用市场机会。

5.2　粤港澳大湾区数控产业集群的增长型战略

5.2.1　科技支撑计划

　　作为国民经济与社会发展的支撑——国家科技支撑计划，是在原国家科技攻关的基础上所设定的，其围绕国民经济和社会发展两大需求，着重解决在经济社会的发展过程中出现的重大科技难题并对全国优势科技资源集成部署，以提高自主创新能力、发挥科技对经济社会发展支撑作用、加快建设创新型国家，同时为《国家中长期科学和技术发展规划纲要》贯彻落实打下牢固的基础，是一项重要举措。"中国制造 2025"是中国制造业强国战略第一个十年的行动纲领，数控机床和基础制造装备在其中属于战略必争领域且需加快突破关键技术，为未来抢占科技和产业竞争的制高点，提出加强前瞻部署、积极谋划，努力提高国际分工层次和话语权。

　　当新一代信息科技革命和产业转型与中国经济变革的新发展理念形成历史交汇时，国际产业角色分工也随之重塑。当今，我们势必要抓住这一

抢滩信创蓝海
粤港澳大湾区数控应用发展现状及对策研究

重要战略机遇，依照"四个全面"战略布局，落地实施制造业强国发展战略，加强统筹谋划和前瞻性，力求经过三个十年的时间，建设成为引领世界制造业发展的制造强国，为实现中华民族伟大复兴的中国梦奠定坚实的基础。

下面围绕"中国制造2025"在推动高档数控机床发展中的作用，主要从数控机床和基础制造装备的产业特质、产业升级趋势、产业高端发展、行业应如何由大变强的战略思路四方面进行阐述。

1．数控机床和基础制造装备具有战略必争的产业特质

数控机床和基础制造装备具有战略必争的产业特质，主要分为以下五个特质，即：锚定我国装备制造业全球竞争地位，支撑国防和产业安全的战略需求，满足用户领域转型升级的重要支撑，新技术革命的战略高地，全球制造业格局调整的战略支点。

① 锚定我国装备制造业全球竞争地位。数控机床和基础制造装备领域为我国制造行业的发展战略寸土必争行业之一，因为制造业特别是装备制造行业的社会分工中的地位具备"锚定"作用，即数控机床和基础制造装备是制造业使用价值产生的基础和产业跃居的支撑点，是组成基础制造能力的关键，只有具备扎实的基础制造能力，才可能制造出前沿的装备商品，以此来实现高价值的产品生产。

② 支撑国防安全和产业安全发展需求。在国家安全领域，数控机床和基础制造装备对制造前沿的国防安全装备具备超过经济效益的发展战略地位。现代国防装备中很多关键零部件的原材料、构造、制作工艺均有一定的独特性和生产难度系数，若只利用普通的生产设备和传统制作工艺并不能达到规定目标，必须使用多轴联动、快速、高精密的数控机床才能达到生产加工要求。在产业安全生产方面，随着中国制造业更新加速，以装备制造业为代表的高技术含量、高效益产业与海外市场的竞争日趋激烈，工

第5章 信创缔造产业蓝海
粤港澳大湾区数控产业集群发展对策

程机械设备、电工器材、道路运输装备正处在打进国际性国际市场的关键时期。同时,中国数控车床产品在尺寸精度、稳定性、智能化、绿色环保等方面也存有一定欠缺,从而导致产业总体竞争能力较弱。

③ 满足用户领域转型升级的重要支撑。现阶段,机床行业中下游客户需求构造凸显高端化的发展形势,许多相关行业迎来大规模、更深层次的产业结构调整和升级。总体来看,消费群体大部分需求集中于中高端水准的机床,即需要满足高速、高精度、高刚度的"三高"特性,进而带来该中高档机床市场需求的扩大和提升。

④ 新技术革命的战略高地。新一轮科技革命(包含智能制造系统、智能电网等)、新一代信息技术自主创新等因素为我国高端装备制造技术提升给予牵引动力,也为装备制造业(尤其高端制造业)提供大量的销售市场。机床行业作为信息技术和工业技术极为重要的交汇之地,当行业自身对新技术充满较强的敏感性时,也是新兴技术蔓延的原动力。随着新技术改革形势的驱动,机床行业集成创新发展趋势显著,全球技术领先公司加速推进新技术向机床产业融合发展,数字化技术和智能化系统技术也加快向机床产业集成应用,越来越多的国际性知名机床零部件企业及整个设备企业均都在数控机床的集成应用中加速推进新技术前进的步伐(工业和信息化部装备工业司,2016)。

全球制造业格局调整的战略支点。长期以来,机床工业生产作为主要国家和领先企业极为关键的战略布局点,伴随制造业格局的变化调整,机床行业对于未来竞争力杠杆有着至关重要的影响力。进入后危机时代以来,发达经济体所做的措施主要有三方面,即:着重重视推动本国实体经济的发展态势;持续推动前沿技术的融合发展,以促工业技术的高端化;通过重新构建产业链,让更多的高效益生产加工及与之相匹配的岗位回归当地。因此,为使我国制造业在全球竞争中抢占先机,需增强对机床行业的重视度,对关键战略领地进行提前布局。

2. 产业结构升级发展趋势显著

首先，拥有标志性的产品在产业发展中起着助攻作用，对于攻克关键核心技术有着一定的辅助影响。在航空领域内，重型锻压设备（自主研发800MN 大型模锻压机、120MN 铝合金板张力拉伸机等）填补了国内航空领域总体成型技术的空缺；在汽车工业领域内，在与世界一流企业国际竞投的过程中，数控机床全自动式冲压生产线赢得了美国汽车当地工厂生产线设备的大批量订单，收获了国际同行的认同和尊重；在发电机设备领域内，具有 3.6 万吨级的黑色垂直金属挤压机也完成国产高端耐磨钢大口径厚壁无缝钢管自主实用化生产制造（1000MW 超临界火电机组所使用）。

其次，随着新一轮信息革命和产业转型，目前产品结构正在优化提升，技术性水平仍在平稳提高。截至当前，国内数控机床中高端装备水平正在快速提升、数控机床梯次前移及其功能部件产品品质水平得到大幅提高，种类系列产品也在逐步完善。

最后，自主创新显著提高，可持续发展获得保障。现目前数控产业虽仍受制于国外关键技术，但近几年随着各大企业纷纷进行产业改革、紧跟国家发展战略，越来越多的厂商投入前沿技术的研发，开拓崭新产业，使高端数控机床产业从"制造"迈向"智造"的时刻指日可待。因此，数控企业必须下定决心走自主创新之路，用自主创新反击"卡脖子"。

3. 产业高端发展任重而道远

这可以从以下三个方向进行切入，即国际竞争力、机床工业生产关键零部件、国内工艺验证和示范性运用。近年来，随着我国产业发展规划压力持续上升，全球机床总体需求与供给呈现出不断萎缩趋势。我国机床领域与企业高档需求有所差距，加上周期性压力和结构性压力的双重叠加，目前急需找到新的突破点。

第一，国际竞争力方面。我国国际竞争力有待提升，据咨询机构

第5章 信创缔造产业蓝海
粤港澳大湾区数控产业集群发展对策

Gardener 统计，2017—2020 年，我国机床行业产值由 245 亿美元下降至 193.6 亿美元，机床行业消费额由 300 亿美元下降至 213.1 亿美元。截至 2021 年，国内机床工具行业领域进出口贸易维持着增长趋势，在进出口额进一步提升的同时，出口值也达历史新高。2022 年 1 月，PMI 达 50.1%，主要维持在扩张区间，体现现阶段领域运作基础较好。但国内中高档数控机床有部分稀缺资源仍依靠国外进口，如新能源领域进口装备远超 40%。

第二，机床工业生产关键零部件方面。从品种、数量、档次上来看，国产功能部件都无法满足主机配套设施规定，高档产品在较大层面上依赖于国外，对于国内中档配套设施功能部件所占的市场份额也仍需提高，因此我国机床工业生产关键零部件往后发展趋势有待提升。

第三，在国内工艺验证和示范性运用中，数控机床由样机研发到实际生产制造运用中均需通过多个方面进行大量实验验证，如可靠性、精度保持性、工程化等。验证后，不仅需要持续完善，也需用户提供工艺验证，但在实际国内数控机床行业发展中工艺验证和应用示范仍是薄弱环节。

4．加速推进行业由大变强的措施

加速推进行业由大变强的措施，主要包括促进优质资源聚集发展、扩大先进产品示范应用范围、打造完整机床配套产业链三方面。

首先，促进优质资源聚集发展。对于目前现存研制装备的发展瓶颈问题，即稳定性、可靠性、成套性等性能关键技术进行重点突破，其中以提高国内数控机床水平、基础制造装备技术的创新能力以及其市场竞争能力为基准，将优势资源集中于航空航天和汽车工程两大领域，聚焦于核心装备和关键技术方面。

其次，扩大先进产品示范应用范围。通过加大对产业园区建设的投入力度，集中围绕数控机床和基础制造装备关键技术的核心装备进行应用验证与示例，重点处理装备的高效化和智能化，有选择性地支撑市场适用导向性强的产品成套性、高柔性、智能性的项目。

最后，打造完整机床配套产业链。国内需促进符合国家战略所需要的数控机床和基础制造设备的进步，进一步对焦国家重点项目的关键设备，即开发关键产品、突破核心技术，以全面努力提升数控装备的技术水平，打破战略装备依赖进口的限制。我们也要支持和鼓励生产数控机床、基础制造的设备主机、数控系统等功能部件的产业链有关单位，建立起长期稳定、合作共赢的战略合作伙伴关系，着力打造完备的数控机床和基础制造设备产业链。

5.2.2 国家重大科技专项

1.《国家中长期科学和技术发展规划（2021—2035》

在国家总体发展历程中，科技创新发展是缺一不可的，而发展的第一步得先做好统筹安排，有谋略、有规划，才能走得长远。科技部战略规划司已经发布《2021—2035年国家中长期科技发展规划重大问题研究目录》，编制工作也在加快推进，在对于加快实现高水平科技自立自强的关键之年，此项工作我国科技发展历程中具有重要的意义。因此，本节重点阐述《国家中长期科学和技术发展规划纲要（2006—2020年）》（以下简称《规划纲要》）。"高档数控机床与基础制造装备"科技重大专项（简称"数控机床专项"）是《规划纲要》确定的16个科技重大专项之一。

《规划纲要》明确规定数控机床专项要重点开发航空航天、船舶、汽车制造、发电设备制造等所需要的高档数控机床，逐步提高我国高档数控机床与基础制造成套装备的自主开发能力，满足国内主要行业对制造装备的基本需求。

在16个科技重大专项中，数控机床专项是与工业联系最为密切的重大专项，具有基础性、通用性和战略性的特征，其涵盖高速、精密、智能、复合等功能的高档数控机床，以及用热加工、表面处理工艺对材料和零件

第5章 信创缔造产业蓝海
粤港澳大湾区数控产业集群发展对策

进行成型、改进处理的基础制造装备,集中于在汽车、航空航天、船舶、发电设备四大领域内进行研发。根据四大领域用户的统计数据反馈,在重大专项实施意见所提出的重点任务中,主机关键开发的产品有以下几类:高精密复合型数控机床金切机床(18种)、重型数控机床金切机床(7种)、数控机床特种加工机床(4种)、大型数控机床成形冲压机床(11种),属于无法进口或国外不对我国出口的商品,基本代表了未来10~15年四大用户对高端数控机床品种需求的发展趋势,是四大领域稀缺紧需的数控设备。

在重点任务中,所列项目几乎可以满足四大领域发展趋势需求,整体情况如下:专项重点任务列出重型数控机床金切机床7项,包含超重型立卧数控车床、数控龙门铣床、落地镗床、轧辊磨床类,能够解决船舶、发电机设备以及大型客机对于超重型和重型零件的繁杂、高效率、复合加工的需求;专项重点任务列出的数控机床、数控车床类及数控加工中心类项目7项(快速精密车床、数控加工中心、复合型机床类),列出数控磨车类项目9项(各类数控磨车),以上两者均能满足航天工程、船舶、发电设备等领域对于高速精密、复合加工的需求;列出齿轮轴加工新项目2项,其中大型数控滚齿机和铣齿机能够满足大型矿山设备、船舶变速箱和风电设备等大型、精密齿轮加工规定;列出金属加工机床新项目2项,包含数控线切割和成型机床,可以满足航空、模具、家用电器等领域独特加工制作需求;专项重点任务列出大型数控机床成型设备项目11项,可以满足车辆、船舶、发电量等领域对金属成形加工制作需求。

2. 科技创新2030—重大项目

"十三五"期间,科技创新2030—重大项目是一项以2030年为时间节点反映国家战略意图的重大科技项目,它的提出是在落实国家科技重大专项的前提下,以面向2030年再部署的一批重要科技工程。依据实际需求,科技部会与相关部门融合国家战略发展需求,在之前提出的15项科技项目

抢滩信创蓝海
粤港澳大湾区数控应用发展现状及对策研究

的基础上增加 1 项。其中，高新领域涉及国家网络安全空间、深空探测及空间飞行器在轨服务与维护系统、煤炭清洁高效利用、智能电网、天地一体化信息网络、大数据、智能制造和机器人、重点新材料研发及应用等多个方面。

该重大项目涉及航空发动机及燃气轮机、深海空间站、量子通信与量子计算机、脑科学与类脑研究、国家网络空间安全以及深空探测及空间飞行器在轨服务与维护系统。重大项目主要布局于智能制造和机器人、种业自主创新、天地一体化信息网络等领域。科技创新 2030—重大项目与国家科技重大专项形成远近结合、梯次接续的系统布局，在电子信息领域，形成涵盖高端芯片及核心软硬件研制、前沿技术突破和信息能力构建的整体布局；在先进制造领域，形成涵盖基础材料、关键技术、重大战略产品和装备研发的整体布局；在能源领域，形成涵盖能源多元供给、高效清洁利用和前沿技术突破的整体布局；在环境领域，形成由单一污染治理转向区域综合治理的系统技术解决方案。表 5-1 只列出了与本书涉及的重大项目。

表 5-1 科技创新 2030—重大项目（部分）

项目	领域	项目内容
航空发动机及燃气轮机	先进制造	开展材料、制造工艺、试验测试等共性基础技术和交叉学科研究，攻克总体设计等关键技术
量子通信与量子计算机	电子信息	研发城域、城际、自由空间量子通信技术，研制通用量子计算原型机和实用化量子模拟机
国家网络空间安全	电子信息	发展涵盖信息和网络两个层面的网络空间安全技术体系，提升信息保护、网络防御等技术能力
天地一体化信息网络	电子信息	推进天基信息网、未来互联网、移动通信网的全面融合，形成覆盖全球的天地一体化信息网络
大数据	电子信息	突破大数据共性关键技术，建成全国范围内数据开放共享的标准体系和交换平台，形成面向典型应用的共识性应用模式和技术方案，形成具有全球竞争优势的大数据产业集群
新一代人工智能	电子信息	重点围绕新一代人工智能基础理论、面向重大需求的关键核心技术、智能芯片与系统三个方向展开部署
智能制造和机器人	先进制造	总目标为智能、高效、协同、绿色、安全发展五个要素，搭建网络协同制造平台，以及研发智能机器人、高端成套装备、三维（3D）打印等装备

第5章 信创缔造产业蓝海
粤港澳大湾区数控产业集群发展对策

5.2.3 机床工具行业"十四五"发展

由图 5-1 可知，自"八五"计划以来，国务院、国家发展和改革委员会等多部门都陆续印发了支持、规范数控机床行业的发展政策，内容涉及高端数控机床、数控系统、功能配件、数控机床产业发展方向等内容。目前处于"十四五"时期（2021—2025 年），国家将先进制造业作为近几年重点发展对象，全力推进，以实现高端数控机床等多个产业可持续健康发展。行业"十四五"发展总目标为到 2025 年，全行业质量效益明显提升，营收规模年增长保持在合理区间并与市场需求相适应，全行业研发投入年增长及投入强度高于"十三五"时期实际状况。从中高端机床工具产品层面出发，现已完成发展基础高级化和全产业链智能化，在产业规划中平衡有效的发展。对于目前而言，国内中高端产品在市场中所占比例正稳步增长，部分已基本具备支撑我国经济发展需要的能力，诸如国产数控机床、切削刀具、数控系统和功能部件等，关键机床工具产品甚至已接近或超过国际先进技术水平实力，最终力求打造出一批具有独立知识产权和国际竞争力的品牌企业和产品。

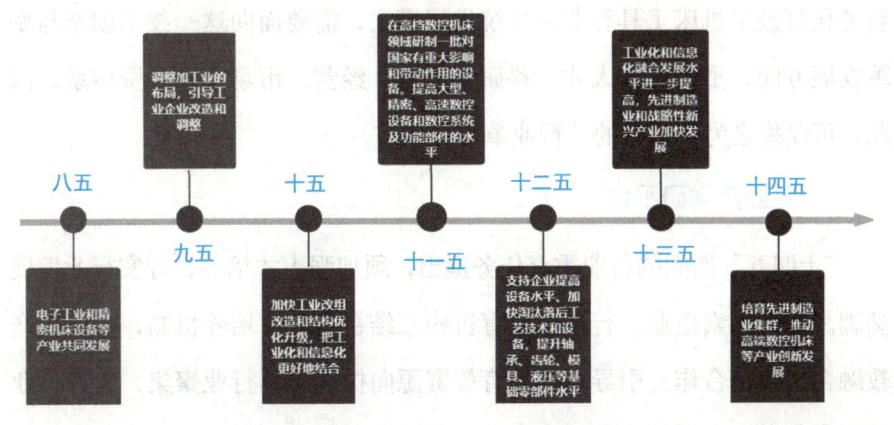

图 5-1 中国数控机床政策的演变

1．国家组织科技攻关

技术创新与变革是机床工具行业发展的原动力，机床工具行业在该方面一直处于制造技术发展与应用的前沿。"十四五"时期提出需全力推进行

抢滩信创蓝海
粤港澳大湾区数控应用发展现状及对策研究

业创新发展，把科技自立自强作为发展战略主线，建立以国家战略性需求和供给侧结构升级为导向的创新体系优化组合，加快构建行业"1+N+X"战略科技力量和创新体系。同时，需跟踪信息技术发展，全力推进行业工业互联网平台建设。伴随以数字化转型整体驱动行业生产方式和治理方式变革的时机，加强关键数字技术创新应用，建立连接机床工具行业的工业全系统、全产业链、全价值链和支撑工业智能化发展的关键基础设施。

2．引导和扶持数控产业结构调整

自"十三五"以来，伴随着世界各国机床工具市场需求结构的快速转变，再加上信息技术、大数据、云计算、人工智能等技术加持，机床工具技术创新与改革被作为新一代工业革命的先锋，正从离散型生产制造技术向系统型智能制造系统技术进行转变。以机床工具传统技术和模块为基础，将智能化、自动化、信息化等技术进行融合，通过迭代更新产生一个集"机、电、信、联"一体化的全新智能制造系统，并根据该系统衍生出可用于解决"快速、多样、高品质"制造需求为切入点的新型制造生态体系。这一新变化打破了机床工具行业的传统发展模式，需要面向这一技术创新与变革发展方向，重新构建人才、科研、制造、经营、市场与投融资体系。因此，可以称之为新一轮的"行业革命"。

3．鼓励产学研平台

"十四五"期间的行业重点任务提出，须加强人才培养，夯实行业发展基础。支持探索企业、行业、教育机构三结合的人才培养机制，以深化产教融合、校企合作、引导基础教育等资源向机床工具行业聚集，支持行业骨干企业举办高质量职业技术教育，积极参与行业相关普通本科高校向应用型转变，加快培育行业急需紧缺人才。

4．建立产业发展研究体系，保障产业发展战略的连续性

以行业组织为依托，采用工业互联网、大数据分析等信息化技术手段，

第5章 信创缔造产业蓝海
粤港澳大湾区数控产业集群发展对策

面向机床工具行业建立包含运行分析、产业竞争力评估、产业安全评估和产业发展战略研究的平台和智库，提升对国内外产业发展的分析能力，产业安全预警能力、产品检验检测水平和产品质量动态跟踪能力。

5．企业强化服务平台，提高国际市场开拓能力

企业要坚持"走出去"发展战略，力求在国内外市场竞争中占据优势。依托行业组织和现有的交流展示平台，加强在技术合作、市场研究、服务支持和国际并购等方面的能力建设，为境内外各方提供增值服务。

5.3 粤港澳大湾区数控产业集群的扭转型战略

5.3.1 提高创新能力实现可持续发展

创新是引领发展的第一动力。抓创新就是抓发展，谋创新就是计划将来，抓住创新相当于触动经济发展全局的引擎。结合各领域持续改革创新和创新发展的趋势，我国部分高新科技创新成效已达全球领先水平。高新科技创新由量变引起质变，由点创新再到系统的更新升级，科技创新水平迎来了明显的提升，现阶段我国已经进入由高效率推动转变为创新驱动持续发展的关键新机遇时期。此外，我国也迎来云计算技术、物联网技术、新一代技术型等产业化的落地，尤其以信创为代表的产业发展趋势已成为推进我国产业结构化升级的核心力量。在数字化领域内，应用创新面向最终客户，通过创新的智能化、数字化产品或解决方案为其业务发展带来新的增长点；体系创新是指推进治理体系和治理能力现代化，通过创新的治理体系推动数字化进程。而在生态领域，横向上，通过基于人工智能、大数据、5G等先进技术的协同创新，未来将诞生大量的面向不同行业的创新应用；纵向上，从芯片、中间件、操作系统到上层应用体系的形成，将推

抢滩信创蓝海
粤港澳大湾区数控应用发展现状及对策研究

动整个信创产业的完整生态构建。

在《广州日报》主题为"以科技创新赋能数控产业集群化发展"的文章中提出,"把创新摆在发展全局的突出位置,着力推进数控产业等先进制造业集群化发展,打好产业基础高级化和产业链现代化攻坚战,加快建设科技创新强市和先进制造业强市。"目前来看,我国数控机床产业创新能力弱、产品差异化程度不足、产业市场集中度较低,需求拉动和市场竞争成为影响自主创新能力的重要动力因素,以下将围绕着市场环境、人才、企业、政府四个主要方面提出五种解决方式,进而从中获得创新能力提升。

1. 优化产业布局,紧密关注业内前沿发展态势

不同地区资源禀赋各异,发展水平也有差异。这使得我们面临着推动区域协调发展的繁重任务,也带来了通过激活不同区域发展动能增强整体发展后劲的有利条件。产业布局"大手笔"频出,依靠的是中国经济韧性强、潜力大、回旋余地大的优势,它们的落地见效必将进一步巩固和提升这一优势。同时,我们需要集中于核心领域,如数控机床、数控系统、关键零部件等方面,在创新链的部署内立足于产业链,在产业链的布局中紧紧围绕着创新链,使得产业链、创新链协同发展、互相推进。从而吸引聚集上下游产业链产业项目、企业和研发机构,加快形成国际领先的数控产业集群,不断夯实先进制造业发展基础。

2. 强化科技赋能,力促创新要素集聚企业

支持大力鼓励企业加大研发投入,加强共性技术平台建设,推动产业链上中下游、大中小企业融通创新,系统解决核心基础零部件、关键基础材料、先进基础技术等"瓶颈"问题,推动企业搞出更多"独门绝技",培育更多"单打冠军""全能选手",提高行业的整体竞争力。充分发挥攀升科技的龙头引领作用,强化以商招商,引进培育一批创新能力强、科技含量高的"专精特新"新型企业,推动上下游企业共同强链延链补链,实现

第5章 信创缔造产业蓝海
粤港澳大湾区数控产业集群发展对策

信创产业集群发展，为粤港澳大湾区经济高质量发展注入强劲创新动能。

3．强化人才支撑，深入做好"广聚英才"计划

以强大力度推进校企合作，做好产教融合，建设以企业为主体、院士等高层次人才领衔、高水平工程师和复合型人才共同参与的人才队伍，持续优化人才政策和服务，确保人才愿意来、留得住、发展得好。人才政策战略性的优化对标粤港澳大湾区建设，主要从两方面入手：一方面，是对原有优秀人才项目进行融合提高，如高层次人才扶持政策、岭南英杰工程项目、红棉计划等；另一方面，明确指出一系列关于技术自主创新的措施，用以汇聚粤港澳大湾区发展需求的高端专业人才，以提高专业人才与现代经济体系的契合度，努力打造"高塔更高、塔基更实"的人才平台。

4．"政产学用"协同创新

随着技术发展和创新形态演变，政府在创新平台搭建中的作用、用户在创新进程中的特殊地位进一步凸显，知识社会环境下的创新2.0形态正推动科技创新从"产学"向"政产学用"的协同创新模式转变。目前，较多高校与企业进行研发合作已是大势所趋，而"政产学用"协同创新是在原有"产学研"的基础上发展而来的，强调通过整合政府、企业、高校和用户等合作主体资源，发挥各自的优势和能力，共同促进创新活动。

5．优化营商环境，助力高质量发展

营商环境是培育市场经济的"沃土"，是市场主体的"氧气"，优化营商环境是真正解放生产力和提高竞争影响力的重要举措之一。我们要切实优化营商环境，加强政策、土地等要素保障，完善企业全生命周期服务体系，加强知识产权保护，不仅需要继续推进"放管服"改革创新，进一步推动深化体制改革、放管融合、改善服务，厘清政府和市场的界限，也需逐步完善法治保障体系，提升法律制度体系内部之间的协调管理对接，将法律法规对营商环境优化的保障作用切实落实。坚持企业有呼、服务必应，

不断提升服务企业水平，用改革创新消除体制机制创新积弊，用法治方式固化好经验及做法，便于稳定市场预期、推动企业健康发展，持续激发内生动力与创新活力。

5.3.2 加强基础和共性技术研究

  多个产业实现的共享共性基础的运行机制都具有一定的通用性。长期以来，我国紧紧围绕产业制造业发展颁布各项促进该产业进步的政策方针，积极部署各领域行动方向，始终力求从制造业整体把关，促进实力显著提升。因此，理应将国家产业发展的行动将其作为指南，在研究基础、共性技术方面必须加大资金、人力等方面的投入。在国家产业安全平台上，产业基础共性技术与国家安全战略技术相关，对于构建基础研究与市场应用的良性互动模式具有重要推动作用，同时对于掌控产业主动权也有一定加持作用。"十四五"规划对产业共性基础依据技术标准进行了归类，包括工业母机、高端芯片、服务标准等技术。随着信息技术应用创新产业渗透到各企业，我们需依据基础共性技术标准，结合当前所规定的重点领域，择优选择突破重点领域。

  机床加工涉及的精密工业技术是装备制造业的基础，而数控机床又是整个机床工业的竞争核心，使得基于数字化产品服务的工业技术和精密制造技术得到了快速发展。由此可见，数控机床已经成为现代装备制造的主要加工模式，甚至在国际制造业和国防工业领域中成为了不可或缺的竞争焦点。

  针对如何加强基础研究和共性技术的问题，科技部等六部门在《新形势下加强基础研究若干重点举措》重点指出需加强基础研究统筹布局，把握基础研究与应用研究日趋一体化的发展趋势，以应用研究带动基础研究，加强重大科学目标导向、应用目标导向的基础研究项目部署，重点解决产业发展和生产实践中的共性基础问题。实践证明，一个国家如果想获得技术支撑和工业的高效发展，至关重要的一点就是独创性的基础研究和共性技术科学研究做支撑，并且两者需要持续破旧立新，以此才可以在世界贸易中获得强劲的核心竞争力以及维持经济与技术的不断兴盛。而装备制造业基础研究的创新与突破往往意味着有重大技术革新的机遇、崭新的发展格局，甚至需打破原有的产业技术瓶颈，其中从整个产业的技术水准、技术相关性、外溢性、共享性的角度来看，装备制造业共性技术的开发对于全产业发展均会产生重大深远的影响。

5.3.3 推动工程化和产业化发展

近年来，机床产品在可靠性设计与性能实验、多轴联动生产加工等关键技术的成熟度方面有着显著的提升，在机床制造基础和共性技术研究大力推进的同时，产品开发与技术研究也随之同步提升。例如，在高精度数控坐标镗床、立式加工中心等产品设计方面，数字化设计技术研究成果进行了实际应用；在各个企业、各类产品中多误差实时动态综合、嵌入式数控系统误差补偿等软硬件系统展开示范性运营，使得数控机床精度获得大幅度提升。

为推动工程化、产业化进步，国内应加大对生态系统建设的重视程度，其生态系统包括上下游的合作伙伴、用户和竞争友商，国内可借鉴于国外的通行做法，如在全球建立实施服务商、系统集成商、增值经销商体系，并与硬件厂商、工业自动化厂商结盟，致力于为客户提供开发的配置工具和客户化开发工具。在一个开放的产业环境中，无论是技术研发、营销渠道还是产品推广路径方面，拓展"朋友圈"，将寻找更多的盟友和企业盈利作为一个切入点，都不失为一个好的举措。同时，建议由政府带头，建立工业软件关键技术攻关平台，选择相关重点领域龙头企业面向国产工业软件开发应用场景，协调研发设计类工业软件企业参与，联合开展工业软件核心技术攻关，突破工业软件关键技术，引导供给侧工业软件企业利用自主内核并实现典型应用示范。

自 2010 年以来，围绕中高档数控系统的研究，国内已取得较大进展，已初步达到与国外同类产品相竞争的水平，能够实现部分进口替代，并可完成数控系统的批量出口。例如，在航空航天、能源、汽车等重点领域已实现 3.5 万余台数控系统替代。据 2010 年到 2014 年统计数控系统出口总计 9600 余套，其中仅五轴联动数控系统接近 700 余套。同时，部分高性能数控系统系列（多通道、多轴联动等）打破国外的技术垄断，其主要技术指标也基本与国际主流高档数控系统水平持平。运用于军工企业的高档数控系统完成了小批量的应用，国内开发的标准型数控系统已实现批量生产，市场比例也逐步增加，从 10% 到 25%。

目前，各地数控产业化生产基地纷纷显现，能力水平强劲，如广州数控设备有限公司产量排行世界第二，各类数控系统年产能力可达 10 万台。总体上，数控机床功能部件、品种系列在不断完善，质量水平也在稳步提升，国产功能部件、数控系统与数控机床主机的应用典范和批量配套，利于加速完整产业链的形成，为推动工程、产业化的发展增加"一把火"。

5.3.4 强化人才培育打造人才高地

致天下之治者在人才，人才是作为支撑发展的第一资源。当今蓬勃发展的人工智能产业革命正在加速推动全球经济转型，人力资本对促进技术创新和经济增长的作用愈加突出。新形势发展下，需加强工业软件研发及其维护人才的培养工作，解决工业知识积累薄弱、产用脱节等问题。因此，针对大湾区人才培育提以下建议。

1. 健全人才政策体系

应将制度和政策对接作为加强粤港澳大湾区人才政策建设的重要内容，优化并完善粤港澳人员签注政策；逐步推进人才职业资格、评定标准

第 5 章　信创缔造产业蓝海
粤港澳大湾区数控产业集群发展对策

互认，实现"一地评定，湾区内互认"；鼓励港澳大湾区内各高校、科研机构和企业共同开展科技研发活动，建立科技资源共享服务平台，放宽科研资金跨境使用限制，联合开展重大技术攻关活动，推动科研成果转化，在大湾区人才流动培育、资源互认、公共服务等方面加强政策协调和制度衔接。

2. 完善人才工作机制

在人才工作方面，我们需要建立一个长期有效的机制。现有的人才吸引政策多数停留在让优秀人才"引得进"，这在很大程度上只是一种短期效应，对于一个行业的长期发展存在着诸多不利，因此，需要真正让优秀人才在引进后"干得好、留得住"的各项具体策略能够执行到位。

对于机制的实际运作，在引入市场机制之前，理应先从多个角度进行调研，通过前期调研结果评估分析后，在引进人才任务上有了一定的合理人才把控后，从而更具合理性、科学性；同时，粤港澳大湾区内相似类型的人才引进及培育政策需加强布局的科学性和政策的连续性，通过持续调研、跟进实情，以完善实施细则，更好发挥政策效能。

3. 构建多元化人才队伍结构

当前大湾区内各城市都将引进海外人才作为人才工作的重点，海外人才引进数量也成为衡量各单位和各级政府人才工作的一个重要指标。同时，来自海外和本土人才在许多方面也有着较大差距，如薪资、住房、医疗等补贴方面。鉴于这种现状，部分本土人才有着一定程度的失衡感，这也在一定程度上会导致本土人才的流失。

总而言之，以市场为导向，引进与培养数字化复合型人才。发挥港澳国际化城市优势，加快引入一批国际化数字人才，打通导致粤港澳三地在人才流动和资源配置方面协作不足与流动不畅的障碍，建设全球数字人才"栖息地"。鼓励高校及专业培训机构设置与数字经济发展相关的专业与课程，创新人才培养模式。探索设立服务型制造研究院，开设与"两业"融合发展相关的专业与课程，培养具有跨行业的知识认知、能够对不同行业中不同参与主体的信息流进行整合式管理的跨界人才。

5.4 粤港澳大湾区数控产业集群的多元化型战略

5.4.1 培育"龙头"核心技术扩大市场占有率

2019 年发布的《财富》和中国社会科学院发布的《四大湾区影响力报告》数据显示，截至 2019 年，粤港澳大湾区拥有的世界 500 强企业数量和占比都要低于三大国际湾区。先进制造作为东京湾地区的优势新兴产业，汇集了 10 家世界 500 强企业，其规模相当于粤港澳大湾区的 3.3 倍；在旧金山湾区，数控技术是一项优势新兴产业，拥有 72.7% 的世界 500 强企业，高于粤港澳大湾区的 57.7 个百分点。粤港澳大湾区的数控产业龙头企业较少，较多龙头产业分布在珠三角九市的广州、深圳等城市，极少部分分布在其他城市，严重影响了产业集群的集聚和发展，进而导致龙头行业稀少、龙头行业相互竞争和产业冲突、龙头企业与本地中小企业合作联系较少等问题，极大制约了大湾区数控产业的发展。

为改变这个局面，我们认为要做到以下几点。

1. 大力引进龙头企业

大力引进和发展资金密集型、技术密集型企业，打造一批产业链较长、集聚程度较高、经济效益较好的产业集群。以世界 500 强企业为龙头，进一步做强数控制造产业集群。其次是要大力扶持民营企业发展。积极引导粤港澳大湾区数控制造业民营企业向"专、精、特、新"方向发展，培育一批主业突出、产业链长、总体质量水平高、具备强大竞争力的骨干项目与骨干企业。同时，积极培育具有竞争优势的高科技产业，不断吸引和聚集相关企业，完善和延伸产业链条，为民营企业创造良好的发展环境，出台政策鼓励民营企业通过认证、制定行业标准，以提高企业知名度、提高企业信誉、树立品牌，进而促进民营经济发展。

2．积极主动地扩大招商范围和加大招商力度

既要推动我国CNC工业的发展，又要提升我国的投资质量和投资水平。争取引进全球500强企业、跨国公司、中国500强企业，明确落实完善各项政策，进一步开放市场准入条件，吸引科技型、效益型中小企业加入粤港澳大湾区数控产业集群建设。抓稳已在建设或已签约的科创项目的追踪和落实，保证科创项目的确实进行。积极推动民营企业进行体制和管理创新，确保其稳定成长；积极鼓励数控领域企业探索运用各种综合方式，与龙头企业进行多层次的企业协作，是全球范围的一个重要环节；积极推动本土企业创立具有自主知识产权的知名品牌，增强出口产品在国际市场上的竞争力。

3．全力形成核心带动中小，扩大战略性新兴产业投资的局面

加快推动作为未来数字经济技术支撑的数字基础设施建设工作，促进数字经济产业化、传统产业数字化等产业产生叠加效益和乘数效应。加快推动基础技术创新突破，将创新和发展主动权即关键核心技术牢牢掌握在自己手中，从根本上保证国家安全。加快推动产业数字化转型，推动智能制造、智慧生态、医疗健康等领域发展中的中小微型企业数字化转型，进而推动大湾区内部数控产业集群质量变革、效率变革、动力变革。加快推动数控应用普惠均等，发挥好龙头企业的带头作用，精准产业集群定位，打造新兴产业发展的全球"明信片"，促进粤港澳大湾区整体数控产业的快速发展。

5.4.2 整合产业资源形成集聚效应

截至 2022 年，虽然粤港澳大湾区的数控产业创新水平正在不断提高，但整体的创新水平完善程度还有待提高，粤港澳大湾区内部各城市间相互协作程度不高，导致整体数控产业分布散乱、创新程度低，严重影响粤港澳大湾区将自身的市场优势转化为产业优势，导致城市融合或区域融合发展存在障碍。尽管粤港澳大湾区各地区的 CNC 行业具有不同的发展方向，但在某些热点地区，各城市之间的布局仍然存在着同质化、竞争对立的现象，这对整体数控产业的健康、持续发展是不利的。同时，粤港澳大湾区内各城市的数控相关公共服务平台呈现分散发展模式，存在着不同部门数据、资源互通和共享上的困难，仍没有形成面向整个粤港澳大湾区的数控产业平台，整体区域上的系统化政务及统一创新服务有待加强，各城市之间资源共享和流动频率不高，且互动较少。

数控产业集群的发展需要有市场分析、技术支持、资金投入等相关配套设施的支持；中期需要制作、测试和市场检验，需要推广销售、技术服务、物流配送等，需要在产业集群内形成完善的服务体系，包括技术孵化、信息咨询、金融、法律、政策、财务和管理，进而为粤港澳大湾区数控产业集群内部的各城市企业提供优质、高效的服务。因此，我们建议，建立健全产业创新体系，以此加强城市间协作水平，进而促进粤港澳大湾区数控产业形成集聚效应。

相关部门应进一步加大对大湾区数控产业发展规划力度，进一步明确产业定位，优化产业布局，科学指导产业集群发展；产业布局方面，要打破镇与镇、园区与园区、城市与城市之间的行政与地域界限，形成大湾区数控产业布局的一盘棋。

第一，加大对产业集群、产业基地、园区的投资力度和政策支持力度。相关部门要加大基建力度，加大工业基地的投资力度，以"两个中心"为支撑，推动我国数控行业的可持续发展。逐步加大对产业集群、基地、园区的投资与扶持，构建并完善服务环境，进而使数控产业向产业园区转移，在产业园区集聚科技创新资源，优化提升产业结构，向产业基地和产业集群方向发展，带动数控产业园区所在城市的发展，以期带动区域经济结构调整，转变经济增长方式。

第二，相关地区积极参与地区间的发展，在粤港澳大湾区各城市之间开展更密切的贸易往来。相关部门各司其职，增强合作，以推动大湾区内各城市之间的科技、文化、金融、信息等领域的合作与交流，为大湾区数控产业提供良好的发展机遇和基础条件。通过制定和实施城市间合作规划、创新合作制度，以落实合作项目为中心，共同推进大湾区各城市间合作和推进区域发展，逐渐消除区域之间的障碍，建立公平开放的区域市场体系，为大湾区数控产业发展提供广阔的市场支持。同时，加快信息基础设施建设，加快公开公共共享的全湾区数控产业数据平台建设，强化城市间产业交流和信息互通。

5.4.3 提升绿色制造水平实现可持续发展

提升绿色制造水平是实现粤港澳大湾区数控产业可持续发展的重要措施，构筑数控机床技术向高性能化、定制化、智能化、绿色化方向发展。

1．高性能

在数控机床的发展过程中，一直把对加工精度、加工速度、加工效率和可靠性作为终极目标。进一步优化结构、先进控制系统、高效数学运算，可实现加工过程中的高速、高精度直线插补、高动态性能的随动控制；采用数值模拟、静态动力学、热稳性、动态在线补偿等方法，对其进行优化，使其可靠、准确。

2．定制化

为用户定制加工机械的构造、系统的构造、专用程序设计、切割刀具、机械加工等；模块化设计、可重构配置、网络化协同、软件定义制造、移动制造等技术将为客户提供较好的技术支撑。

3．智能化

通过传感器和标准通信界面，可以对加工过程进行感知和采集，并通过转换处理、建模分析和数据挖掘等技术手段，对加工过程进行监测、预测和控制，以满足加工质量、高效率、柔性和自适应性加工的需要。"感知""互联""学习""决策""自适应"是CNC的重要功能特点，而"加工大数据""工业物联""数字孪生""边缘计算/云计算""深度学习"等新技术，将极大地促进机床技术的发展与发展。

4．绿色化

为客户提供轻量化的节能环保制造、优化能效管理、清洁切削技术等环保设计，提供全方位的绿色服务。随着新一轮工业革命的到来，新一代的信息技术与新一代的人工智能技术的结合，将使数控设备走向高性能、定制化、智能化、绿色化，并在此基础上，面向新一代的科技发展，为新一代的科技和新一代的人工智能提供技术支持。

5.5　粤港澳大湾区数控产业集群的防御型战略

5.5.1　创新发展实现跨越发展目标

粤港澳大湾区的优势新兴产业面临被国外"卡脖子"的风险，对产业链和供应链的安全造成了重大隐患。粤港澳大湾区的创新发展能力必须受到重视，并进行强化。在部分关键领域创新能力不足，缺乏核心知识产权技术，导致产业发展受限于他人；大湾区内部创新能力严重不平衡，龙头企业与中小型企业之间无法很好地进行合作；大湾区内部创新创业环境不

第5章 信创缔造产业蓝海
粤港澳大湾区数控产业集群发展对策

活跃,创新创业热情不高。这些自主创新程度较低导致的诸多问题,使粤港澳大湾区数控产业集群发展速度严重减缓。

创新发展是提高我国数控产业核心竞争力、争夺国际市场话语权的重要举措。企业缺乏核心竞争力,核心技术将永远处于国际产业链的低端,因此我们建议,相关部门应积极主动地不断完善粤港澳大湾区的创新发展体系,鼓励大湾区内部数控产业集群企业加大技术创新资金投入,建立健全企业技术开发机构,努力提高自身的创新发展水平。大力推进科技创新,争取粤港澳大湾区各类高水平研发机构落户,增强企业核心竞争力;鼓励科创力量,如大专院校、科研机构积极进入产业集群,通过自身拥有的科技资源和研究人才建立产业集群区域研究机构;加强科创服务中介机构建设,促进大湾区内部技术交流,注重大湾区科技创新的知识产权保护,健全大湾区的创新体系。积极引导龙头企业自主研发关键共性技术,制定行业标准、产品规范,形成完整产业链,增强整体创新能力。

同时,粤港澳大湾区内的数控产业为了在竞争激烈的竞争中保持优势,需在产业和产业集聚中保持优势,才能创造更多的经济利益。加强与相关企业、科研机构、高等院校的交流与合作,打破条条框框的制度,实现科创要素的高效集成,破解高校科研合作的制度与机制壁垒,增强企业在差异化、技术创新、生产成本等方面的优势,逐步形成产、学、研融合互动的技术创新体制和机制;通过政策、技术支持、资金支持等方式,引导和推动产业集群提升科技创新能力,提高自主创新能力;重点攻克核心关键"卡脖子"技术,力争在某领域取得突破,抢占技术发展的制高点。

另外,有关部门要加大技术转化力度,加大对技术的消化、吸收和革新。完善科技项目扶持制度,加强科技投资,加大科技成果转化的资金投入和科研项目扶持力度,以加快全球信息技术交流,适时地把这些技术成果转化为自己拥有的技术,从而达到跨越发展的目的。

5.5.2 行业发展值得注意的若干倾向性问题

我国的数控高新技术产业属于战略性新兴产业，是一项基础性、战略性、先导性产业，具有技术迭代更新快、应用领域广泛、资源消耗低、人力资源充分利用、产品附加值高、渗透能力强等突出特征，对我国的经济社会发展起到了很大的支撑和引导作用。发展和提高我国的先进制造业，是我国实现创新型国家、优化产业布局、提高信息技术水平的重要举措。目前粤港澳大湾区的高端数控产业较之其他数控产业发展较慢，难以形成齐头并进的局面，且各城市的数控产业之间联系不紧密，各企业之间产业链不交叉，导致数控产业呈现区域发展不均衡的现象，导致产业整体发展缓慢。

粤港澳大湾区的数控加工企业在原材料采购、营销联合等方面亟待加强，且产业之间合作较少，紧密度不高。我们认为，相关部门应把握国家对数控产业的重视，鼓励更多数控企业在高端数控领域开疆扩土，努力强化粤港澳大湾区的高端数控产业，使之能够脱离粤港澳大湾区"短板"的身份，甚至发展为"长板"。与此同时，我国的 CNC 公司要充分发挥其现有的资源优势，在粤港澳大湾区资产配置和市场渠道方面发挥作用，通过将已积累的生产与学习经验通过集群网络共享与传递，不断进行技术创新，并在集群内联合研发、生产相关产品，扩大业务范围，实现范围经济和竞争优势。

粤港澳大湾区数控产业集群内部还应加强产业间联系，增强产业紧密度。增加不同产业和企业之间的交流频率，加强企业内部的技术与经验沟通，进而推动粤港澳大湾区数控产业中新产品、新工艺、新材料等技术信息与管理经验的共享与传递，使其在更大范围内提高生产效率。同时，交流频率的提高，也让企业能够及时反馈各种实际应用中的技术问题，进行分析和讨论，以快速解决问题，获得最佳解决方案。而在产业和产业集群

第5章 信创缔造产业蓝海
粤港澳大湾区数控产业集群发展对策

中,由于竞争的关系,公司必须从产业内部或者集团内部获得大量的成功经验和技术,从失败中吸取教训,在学习和借鉴的基础上不断发展进步。因此,提倡企业内部建立学习机制,制定激励政策,学习评估制度和技术创新;在外部,依据自己的条件,通过借鉴其他国家的优势,通过"走出去、请进来"的方式来强化横向和纵向两个层面上的沟通。

在现有区位优势的基础上,进一步构建区域创新网络,依据产业集群理论,产业集群竞争优势来源的一个重要内部机制就是区域创新网络。在区域创新网络建设过程中,以企业为主体,在开放的背景下,进一步加强集群内部或集群之间的创新资源分配,特别关注新经济和新产业的培育,以促进开放交流和互补发展。

在加速区域协同发展的目标之下,首先要加强开放背景下的创新资源配置,促进开放共享和互补发展。通过加强各城市之间创新资源的开放和共享,明确各城市的数控产业集群在协同创新中的战略定位,以进行优势互补,增量发展。例如,广州、香港城市科教资源丰富,在学科环境方面具有一定的优势,可以作为高端优质创新资源的重要供给者;深圳、东莞科研成果转化能力较强,可以发展成为区域联合创新发展的服务者;佛山、珠海是产业基础较好的高新区,可以加快创新平台建设,实施创新资源对接。

其次,要重视新经济、新产业的培育。以互联网为代表的新一轮技术革命和产业变革正在进行,以珠三角九市为风向标的中国加工制造模式面临着以互联网和大数据为特征的智能制造模式的挑战,信息化、数字化、智能化成为未来产业发展的重要趋势。粤港澳大湾区应挖掘港澳的国际创新资源、金融市场和各高新区的产业优势,聚焦智能制造、数字经济、建设智慧城市等新经济领域,以广深港澳科技创新走廊为抓手,由点及面,由示范到全面发展,从孵化创新、培育高企、挖掘独角兽、建设重大科技工程等方面加强国家高新区的整体架构,打造为中国新经济和工业发展的

抢滩信创蓝海
粤港澳大湾区数控应用发展现状及对策研究

重要来源。

"要突出先导性和支柱性,优先培育和大力发展一批战略性新兴产业集群,构建产业体系新支柱。"这是发展战略性新兴产业集群必须遵循的基本原则。产业集群式发展可以有效地发挥产业集聚效应,提高产业综合竞争力。依据现有调研基础,我们认为,对于珠三角区域进一步加强数控产业集群的建设可以从完善畅通的统筹协调机制、所在区域内重点产业集群发展态势、加强同一集群差别化定位发展这三方面出发,每个模块对应的具体建议可参考表5-2。

表5-2 关于进一步加强数控产业集群建设力度的对策

完善畅通的统筹协调机制	促进各城市间的资源共享,商谈创新合作项目,交流区域共性问题 针对科研项目的落实要确保重要资源的顺利对接 切实的政策制定有利于引导问题的解决和良性创新生态的建立
分析所在区域内 重点产业集群发展态势	梳理出数控产业集群中的"链主"企业、优势企业、龙头企业和潜力企业 坚持以市场为导向,以集群发展的实际需要,以适应"卡脖子"技术领域的实际需求 制定出台差异化政策措施,带动相关上下游企业抱团式创新发展
加强同一集群差别化定位发展	明确各城市间在协同创新中的战略定位,优势互补,错位发展 各相关城市可以在研判各地方产业创新基础的情况下,围绕产业链、创新链、资金链、政策链从项目牵引、平台搭建、人才引进等方面有效部署,系统推进 希望各城市间形成有效合力,加快推动数控产业集群的快速发展

粤港澳大湾区内各城市应紧紧围绕《广东省人民政府关于培育发展战略性支柱产业集群和战略性新兴产业集群的意见》要求,在广东省的统筹谋划下,主动融合、主动落实全省十大战略性支柱产业集群和十大战略性新兴产业集群重大部署。

一是形成完善畅通的统筹协调机制。在粤港澳大湾区各城市间建立产业创新发展统筹协调机制,定期对各城市之间的资源共享、创新合作项目商谈、区域共性问题等领域进行商讨,以顺利对接重要资源,促进科研合作项目落实,切实制定政策和引导解决问题等,促进良性创新生态的建立。

二是深刻分析所在区域内重点产业集群发展态势。通过发展的"长板"和"短板",梳理一批相应产业集群内的"链主"企业、优势企业、龙头企

第5章 信创缔造产业蓝海
粤港澳大湾区数控产业集群发展对策

业和潜力企业，坚持以市场为导向，从集群发展的实际需要和相应"卡脖子"技术领域的实际需求出发，"一集群一路径"制定相关发展台账，制定出台差异化政策措施，以带动相关上下游企业抱团式创新发展。

三是加强同一集群差别化定位发展。加强粤港澳大湾区内各城市间创新资源的开放共享，明确在协同创新中的战略定位、优势互补、错位发展。各城市在研判各地方产业创新基础的情况下，围绕产业链、创新链、资金链、政策链，从项目牵引、平台搭建、人才引进等方面进行有效部署，系统推进，以期在各城市间形成有效合力，加快推动相关产业集群的快速发展。目前，粤港澳大湾区各城市之间的数控产业发展极不平衡，部分城市如广州、深圳、香港等高新技术企业数量是肇庆、江门、珠海等城市的两倍以上，同时各城市的高新技术人才数量差距也极大，粤港澳大湾区数控产业整体发展受到严重制约，为此应全力打造人才"蓄水池"，促进创新创业的进一步扩容。

有关部门应加快数控技术人才的引进，建立数控产业人才基地，加大培养相关领域人才的力度。积极推进分层次、分类别的人才培养与培训工作，加大对数控行业人才的引进，以满足行业不断发展的需要；积极鼓励和支持粤港澳大湾区内部高等院校设立数控系统技术相关专业，积极鼓励和支持国家示范性数控系统技术院校加快发展；大力发展和实施人才引进，把具有高新技术人才、高级管理人才等方面的人才引入粤港澳大湾区，并勇于为具有杰出贡献的人才、掌握关键技术的人才和需要的高端人才创造良好的工作和居住条件；健全人才激励机制，创造和建立有利于吸引高技术人才的配置机制，改变人才使用的体制，根据政策、环境、事业、待遇、感情、制度的"不为所有、但为所用"的总体思路，建立以人才资源配置为主、人才流动为主的体制，创造人才成长的突出环境。

在引进、培养、用好的人才机制上形成良好的用人机制。针对粤港澳大湾区CNC工业发展面临的主要技术问题，相关部门要积极开展国际与国内科技合作与技术交流，加大科技人才的引进和培养，以培养学科带头人、科研开发技术骨干和技术能手为主要力量，注重技术人才的培养，开展各种培训课程、讲座和经验交流，加快培养当地的技术人才；推动科研院所、高等院校、高新技术企业与国际知名企业的科技与合作，为我国科学技术工作者提供良好的交流、培训等环境，加大人才的引进力度和培养力度。

5.5.3　畅通供应链循环

线上教学、网课、电子商务和政务、虚拟会务商务等新业态和新模式迎来了新一轮快速发展，但人员流动限制、延迟复工、计划表变动频繁等因素，依旧对部分中小型企业造成了严重的影响，导致粤港澳大湾区整体产业集群都受到影响，产业链和价值链出现部分损失，严重制约整体数控集群的建设和发展。为了使粤港澳大湾区数控产业集群更安全、更稳健地发展，畅通供应链循环，我们认为，应当要加强政府统筹规划的力度，在粤港澳大湾区内鼓励创新和金融要素自由流动，竭尽全力形成高效的资源配置能力，进一步体现政府的产业政策供给与资源统筹规划的作用。政府要以统筹推进区域规划为目标，增加各城市之间的沟通渠道，促进大湾区各城市间的协调发展。因此，为了强化政府的引导、统筹和部署的能力，我们依据已有的资料和研究提出了以下四个建议。

1. 建立服务和引导型的产业管理体制

相关部门应当敢于打破地域、行业、所有制和隶属关系的界限，在坚持服务、协调、引导数控行业发展的同时还需要突出工作重点，创新工作方法，转变自己的思想观念，摆脱局限的条块束缚，勇敢地将视角提高到粤港澳大湾区整体数控产业发展，这样才能更好地整合不同的城市，整合所有的资源，把重点放在推动数字技术的发展上，形成以服务为导向的行业经营体系。

第 5 章　信创缔造产业蓝海
粤港澳大湾区数控产业集群发展对策

2．强化整体规划，强化对我国 CNC 工业发展的指导

相关部门要密切关注 CNC 行业的国际和国内发展，同时针对全球数控产业的变化及时开展对带有全局性、战略性、政策性的重大问题的研究；此外，必须努力建立一个综合性的 CNC 行业服务体系，以提升各市有关单位的公共服务能力，在国家和省数控产业发展路线和规划下，时刻牢牢把握住粤港澳大湾区数控产业发展的定位，明确粤港澳大湾区数控产业发展的方向与重点，为粤港澳大湾区各城市打造具有特色的数控产业集群及配套产业，并制定粤港澳大湾区数控产业相关的统计指标体系；同时，强化相关部门职能，增强相关部门对产业的调控能力，进而提高相关部门对数控产业统筹、规划、引导、管理的科学性。

3．强化规划的准确组织实施

各有关单位要密切注意和贯彻国家的政策和文件的要求，把重点任务分解和落实到位。在做深数控产业发展规划的同时，对规划的具体实施情况按照制定的统计指标体系进行评估，根据评估得到的结果及时对发展规划进行调整和修订，以促进海内外各方力量参与数控产业发展规划的实施，共同推进粤港澳大湾区数控产业的发展。

4．加强部门协调，促进行业的良性发展

应在粤港澳大湾区内强化国家和地区 CNC 行业管理机构之间的协作，共同推动我国的 CNC 工业发展。通过政策、法规、市场、知识产权、贸易保护等多方面的综合监管，实现技术、产业与市场的良性互动，对数控产业的发展起到积极的指导作用。依据前期调研、SWOT 分析和已有的研究发现，"锻长板"战略对于建设粤港澳大湾区数控产业集群的意义重大，主要体现在以下两方面。

一是在国际层面有助于增强我国应对外部断供时的反制力量。在国际上，当我们面对外部供应存在萎缩情况之时，这将有助于加强我们对外的

抢滩信创蓝海
粤港澳大湾区数控应用发展现状及对策研究

抗衡能力。"短板"是缩小中国在重要产业链及产业链的关键环节上与世界领先水平的差距，扭转当前相对滞后的局面，减少对国际供应链的依赖。"锻长板"就是塑造出更多具有中国技术和产品特色并领先世界的领域，通过对于这类领域的用心锻造，让数控产业相关的商品在全球供应链中变得更重要甚至成为不可或缺的供应源。粤港澳大湾区作为中国的产业经济发展区，我们应着眼于"锻长板"和"补短板"，这有利于将新兴产业培育成世界级产业集群，从而提高产业链的可持续性、对全球产业链和价值链的控制力。特别地，我们在注重锻造长板的时候，将新兴产业培育成世界级的产业集群，譬如数控产业集群，进一步提高产业链的可持续性，提高我们在全球产业链中对价值链的把控。综上所述，"锻长板"使我们拥有双向"杀手锏"，在粤港澳大湾区面临外部供应中断的情况下，也能够形成有效的反击力量。

二是主要针对国内层面，这将有助于成为"双循环"新发展格局的动力引擎。粤港澳大湾区要把新兴产业打造成新的世界级产业集群，首先必须立足于我们具有相对优势和几个具有绝对优势的产业技术领域，进一步"锻长板"。其次，我们还要懂得利用超大规模的市场，依靠科技研发力量和科技金融支持，完善科技创新体制机制等，最终形成具有技术能力、引领全球价值链、独立可控的现代化产业体系。因此，粤港澳大湾区发展新兴产业的"锻长板"战略将有助于加强国内产业链，完善国内价值链，形成构建新的"双循环"发展模式所需的产业引擎的基础和条件。

1. 聚集在第三产业层面上

聚集在第三产业层面上，有助于我们取得未来产业创新发展的全球竞争优势。粤港澳大湾区通过"锻长板"既可以在已有产业链的关键环节实现赶超和领跑，也有助于新技术革命引发的新兴产业发展中颠覆性创新的不断涌现，从而给未来产业发展方向带来高度不确定性。粤港澳大湾区的优势在于产业基础好，企业发展潜力大，人力资本水平高，市场容量大，

第5章 信创缔造产业蓝海
粤港澳大湾区数控产业集群发展对策

制度环境好等优势，可以通过将"长板做长"，建设多个有国际影响的新型工业企业，使粤港澳大湾区在今后的工业发展中占据重要地位。面对当前大环境下数控产业集群的进一步锻造就是一个不错的选择，数控相关产品的使用率变得更高，不管是硬件方面还是软件方面的服务需求都变得更加细致和精确。

而在国内国际相互促进的新发展格局之下，依据现有的政策分析及解读、参考其他新兴产业集群的发展经验，整体上的实施我们可以酌情考虑从以下几点建议出发：一是在"十四五"时期适当突出"锻长板"的产业政策导向。后疫情时代下，各级政府可支配的财政及相关产业政策资源在相当长一段时期内，都可能尤为紧张和较为有限。粤港澳大湾区新兴产业政策要从对众多新兴产业平铺资源支持的"补短板""强弱项"的导向转型过来，形成更加强调"锻长板"的产业政策导向。具体产业实施层面可以先聚焦数控技术、高端装备制造、新材料等优势新兴产业领域，集中力量加大资源供给。由于旧金山湾区的数控、东京湾区的先进制造已具有全球竞争优势，因此粤港澳大湾区数控技术和高端装备制造的产业提升尤其要注意差异化竞争。此外，2020年爆发的全球疫情凸显了医疗器械产业的重要性，故在新形势之下可以将这个产业作为"长板"产业继续进行打造，能很好地提高粤港澳大湾区的区域竞争力。一方面，生物材料与医疗器械产业相比其他产业较为自成体系，国际上对我国产业链的"卡脖子"效应相对较弱，依托粤港澳大湾区已有科研、产业和市场基础，完全有条件形成区域性的新兴支柱产业集群；另一方面，该产业与粤港澳大湾区的数控、装备制造等产业的融合度很高，不同产业链之间的协同性较强。综上所述，粤港澳大湾区可以不失时机地在生物材料和医疗器械方面下足功夫，在全球产业链中位列高位，并占据产业创新的最高点，形成一个具有完整产业链和供应链的新兴世界级产业集群。

2. 推动粤港澳三地携手建设更加统一、协同、开放和自由的大湾区营商环境

好马配好鞍。世界级新兴产业集群的形成也需要一流营商环境的制度支撑，促进生产要素的开放和自由流动，实现产业资源的高效配置。现在一些支柱产业面临的"卡脖子"问题或"断供"风险突出表现在科学创新的"技术化""产品化"和"产业化"过程。所以，要解决这个问题，固然需要诸多方面努力，但最重要的还是市场因素。应坚持市场主导、企业主体、政府支持的理念，避免政府在新兴产业发展过程中"大包大揽"，激发市场主体活力，打造一流的产业营商环境。然而，目前除港澳地区之外，粤港澳大湾区九个城市在营商环境上属实是"一城一策"，政策和产业的融合和协同不足，也参差不齐，大湾区打造一个更加统一、协同、开放和自由的营商环境已经迫在眉睫。一方面，建议广东省政府进行强力统筹，对标广州、深圳等核心城市的营商环境建设，要求大湾区内除港澳外的其他城市向核心城市看齐，打造无差别、统一的大湾区内地城市营商环境。协同的营商之路可能会坎坷而漫长，只要我们目标明确，定位清晰，一定能为新兴产业集群的发展做好大环境的支撑。另一方面，建议广东省政府能够主动加强与港澳地区营商环境的协同，破解制约要素流动的体制机制问题，对监管程序、数据申报、操作过程进行改革，在检验信息、检验认证认可等领域，两地互认取得突破性进展，推动投资交易的简化。

3. 发挥新型举国体制优势，加快突破优势新兴产业集群领域的"卡脖子"技术

首先，强调发挥市场对科学技术的决定性作用，并调动各种能够促进创新发展的因素参加各种技术活动的积极性。大湾区的数控技术、高科技制造、生物材料和生物医药要想发展成为一个新兴的世界级产业集群，就必须立足于新的国家体制优势，拥抱自主创新，加快突破当前产业面临的并驾齐驱问题。

第5章 信创缔造产业蓝海
粤港澳大湾区数控产业集群发展对策

其次,积极借鉴美国国家标准与技术研究院、日本产业技术综合研究所的建设经验,凭借市场化方式筹建粤港澳大湾区产业技术综合研究所,便利化资助审核程序,以政府资金引导社会资金研究突破我们所遭遇的"卡脖子"技术,最终推动"卡脖子"技术的商业化。

再次,更加重视依托龙头企业的主导作用来发挥产学研深度融合优势,在数控关键核心技术、芯片、工业软件、新材料等领域实施重点产业创新工程,以"卡脖子"技术的攻关和突破助推培育更多的世界级龙头企业。

最后,采取更加开放的人才政策,深化和全面改革人才评价机制,从个人导向转向团队导向,以"以集体"的形式,引入和培育一大群具有国际性战略科技人才、科技领军人才、青年科技人才及创新队伍,认可和尊重团队中认定的科技人才的实际贡献。

4. 提升大湾区金融与产业协同发展能级

粤港澳大湾区拥有优质的金融资源,但粤港澳三地之间及与国际的金融资源尚未形成协同发展态势,这限制了大湾区金融能力的提升和对新兴产业发展的支撑。为此,首先可以考虑以国家开发银行为牵头单位,通过谋划设立粤港澳大湾区科技银行,扩大知识产权质押融资,加大科技信贷投放。其次,大力推进广东和港澳地区建立一个高水平的跨境支付结算体系,建立一个高度便捷的跨境供应链和贸易链的投融资系统,加快自由贸易账户的落地使用。再次,支持港澳私募基金投资广东新兴产业企业,鼓励广东相关新兴产业企业到香港联交所上市融资,并通过境内外并购提高企业质量。最后,推动广东自贸区扩容升级,探索将自贸区扩展到大湾区,加快自贸区对外资金融机构开放的步伐,使其将国际市场释放的资金引向大湾区的新兴产业。

5. 加强新兴产业"大湾区+"区域合作发展,打通"双循环"

我们要立足国内国际双循环的发展格局,粤港澳大湾区新产业的发展

抢滩信创蓝海
粤港澳大湾区数控应用发展现状及对策研究

不能只是在大湾区内孤立发展，更不能是"闭门造车"式的发展，要坚持开放和协同的理念，充分利用国际国内资源，去积极融入全球创新网络，加强与国内外其他地区的产业合作，加强对新兴产业集群的引领。

首先，加强与"一带一路"等国家战略的对接，充分利用港澳地区作为"超级联系人"的地缘优势，与海外其他重要地区实现产业链协同，打造具有附加值和全球辐射力的新发展模式。

其次，加强同海南自由贸易港的合作，促进大湾区新兴产业的高水平开放，而海南自由贸易港可以在智能制造、新能源、深水技术等方面与大湾区加强产业合作，形成产业链、供应链、创新链的互补模式。

最后，利用粤港澳大湾区"一国两制"的优势，为我国台湾地区青年科技人才在大湾区创业和从事新兴产业创造实实在在的机会和条件，使未来的大湾区拥抱海峡两岸。

6．建立产业发展评估指标体系，统筹大湾区新兴产业集群发展资源

粤港澳大湾区新兴产业的发展独享"一国两制"的巨大制度优势，但是"一国两制"制度优势的充分发挥需要协调"两区九市"相关具体政策的差异性，这就要求加强大湾区的组织领导，建立完善新兴产业联合攻关的体制机制，建立新兴产业发展联席会议制度，共同制定大湾区产业发展的总体规划与实施路径，统筹大湾区新兴产业集群发展资源。通过，通过建立粤港澳大湾区新兴产业发展的评估指标体系，一方面，在宏观政策层面，有助于对大湾区新兴产业发展情况进行及时监测和科学研判，以更具针对性和时效性的产业政策前瞻布局战略性新兴产业，培育发展未来产业；另一方面，在微型企业层面，有助于了解不同企业层次的发展需求、挑战和增长动力，促进关键产业链的集聚，为新兴产业创造一个龙头企业和中小企业协同发展的企业生态系统。

参考文献

[1] Lee K R. The role of user firms in the innovation of machine tools: The Japanese case[J]. Research Policy, 1996, 25(4): 491-507.

[2] 段德忠，杜德斌，张杨. 中美产业技术创新能力比较研究——以装备制造业和信息通信产业为例[J]. 世界地理研究，2019(4):24-34.

[3] Jorgenson D W, Kuroda M. Productivity and International Competitiveness in Japan and the United States, 1960-1985[J]. Economic Studies Quarterly, 1991, 43(11): 2237-2246.

[4] Vanark B. Productivity and competitiveness in manufacturing：A comparison of Europe，Japan and the United State [M]. Amsterdam: Elsevier, 1996:24-38.

[5] 王乃静，张炳清，张华胜. 中国数控机床产业自主创新发展战略研究——基于济南二机床自主创新的分析[J]. 中国软科学，2005 (4):23-29.

[6] 王节祥，王雅敏，李春友，盛亚. 中国数控机床产业国际竞争力比较研究——兼谈产业竞争力提升的价值链路径与平台路径[J]. 经济地理，2019(7):106-118.

[7] 刘强. 数控机床发展历程及未来趋势[J]. 中国机械工程，2021(7): 757-770.

[8] Kalafsky R V, Macpherson A D. Recent trends in the export performance of US machine tool companies[J]. Technovation, 2001, 21(11):709-717.

[9] 张焱, 邢新欣. 基于"情报+"模式下产业竞争情报价值的实现机理研究——以电子信息产业为例[J]. 情报杂志, 2021(9):65-72.

[10] Macpherson K. The Competitive Characteristics of U.S. Manu- facturers in the MachineTool Industry[J]. Small Business Economics, 2002, 19(4): 355-369.

[11] Marpaung S. Quantitative SWOT analysis on global competitive- ness of machine tool industry[J]. Journal of Engineering Design, 2006, 17 (3): 251-258.

[12] 涂心语, 严晓玲. 数字化转型、知识溢出与企业全要素生产率——来自制造业上市公司的经验证据[J]. 产业经济研究, 2022(2):43-56.

[13] Bathelt H, Malmberg A, Maskell P. Clusters and Knowledge: Local Buzz, Global Pipelines and the Process of Knowledge Creation[J]. Progress in Human Geography, 2002, 28(1):31-56.

[14] 许吉黎, 叶玉瑶, 罗子昕, 张虹鸥, 王长建, 吴康敏. 新发展格局下粤港澳大湾区高科技产业多尺度空间联系与政策启示[J]. 地理科学进展, 2022(9):1592-1605.

[15] 王燕梅. 中国机床工业的高速增长：技术进步及其贡献分析[J]. 中国工业经济, 2006(10):15-22.

[16] 耿溪谣, 胡洋. 全球价值链视角下中国与印度信息产业国际竞争力的比较分析[J]. 世界地理研究, 2022(2):270-279.

[17] 张迎新, 刘翔宇. 基于专利共类的高端机床制造核心技术关联特征识别——以五轴联动数控机床为例[J]. 情报杂志, 2018(2):50-56.

[18] Gawer A, Cusumano M A. Industry Platforms and Ecosystem Innovation [J]. Journal of Product Innovation Management, 2014, 31(3): 417-433.

[19] 李晓华. 制造业数字化转型与价值创造能力提升[J]. 改革, 2022(11): 24-36.

[20] 刘云, 郭栋, 翟晓荣. 我国高端装备制造业创新发展演进特征与政策优化研究——以高档数控机床为例[J]. 科学学与科学技术管理, 2022 (8): 19-31.